초등학교
인성교육
3단계

더불어 살면 행복해요

홍진복 · 이창건 지음

성서각

 일러두기

◆ 옛날부터 중국에서는 우리 나라를 '동쪽의 예의바른 나라'라고 불렀습니다. 그만큼 우리 나라 사람은 예의를 중시하였습니다. 그런데 요즘에 와서는 나보다 남을 배려하고 서로 돕는 바르고 착한 심성이 부족하여 걱정을 하는 사람이 많습니다. 특히 미래의 주인공이 될 어린이들이 바른 심성을 갖고 살아갈 때 우리의 미래는 밝아질 수 있습니다. 이러한 취지에서 이 책은 초등 학교 어린이들의 인성 교육 교재로 활용하도록 만들었습니다.

◆ 이 책은 초등 학교 어린이의 인성 발달 단계를 고려하여 각 단계별로 1권씩 모두 6권으로 만들었으며, 1~2단계는 바른 생활과, 3~6단계는 도덕과의 연계성을 고려하여 가능한 바른 생활(도덕)과의 내용 체계와 덕목을 중심으로 일상 생활에서 많이 경험하는 내용을 선정하였으며, 이야기 자료, 활동 자료 등으로 재미있고 즐겁게 학습하도록 꾸몄습니다.

◆ 이 책은 총 16단원으로, 1단원은 2시간 학습량으로 다음

과 같은 체제로 꾸며졌으므로 지도하시는 데 참고하시기 바랍니다.

➡ 학습 개요
  활동 목표, 영역, 유의 사항, 차시, 이렇게 시작해요, 학습 활동, 아름다운 생활을 위하여
➡ 학습 활동(1, 2)
➡ 아름다운 생활을 위하여

◆ 이 책을 지도하시는 선생님께서는 도덕적 지식을 가르치는 것보다 올바른 행동 실천을 강조하시되, 활동 중심 수업으로 전개하셔서 어린이들이 재미있고 즐거운 학습을 하는 가운데 바르고 착한 심성이 길러지도록 지도하여 주시기 바랍니다.

지은이 씀

 # 차 례

◆ 일러두기

1 깨끗한 생활 ································· 10

2 건전한 소비 생활 ························ 16

3 열심히 사는 생활 ························ 24

4 창의적인 생활 ···························· 30

5 인사 예절 ··································· 36

6 너그러운 마음 ···························· 42

7 약속을 지켜야 좋은 친구 ············ 50

8 효도와 우애 ······························· 56

9 스스로 안전을 지켜요! ································ 64

10 질서는 편한 것! ···································· 70

11 아름다운 사람들 ···································· 76

12 더불어 살아가면 행복해요 ························ 84

13 자랑스런 태극기 ···································· 92

14 우리의 소원 ··· 98

15 평화로운 지구촌 ··································· 104

16 환경 보호는 생명 보호 ···························· 112

① 깨끗한 생활

활동 목표	▶ 주변을 깨끗이 해야 하는 까닭을 알고 정리할 수 있습니다.	영역	기본 생활 습관 (정리 정돈)
유의 사항	▶ 스스로 깨끗이 정리하는 태도를 길러 봅시다.	차시	1 - 2

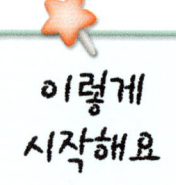

- 오림 자료를 이용하여 나의 방을 꾸며 봅시다.
  - 주변 환경을 깨끗이 하려는 마음을 다져 봅시다.

- 이야기를 읽고, 주변을 잘 정리 정돈했을 때의 좋은 점을 생각해 봅시다.

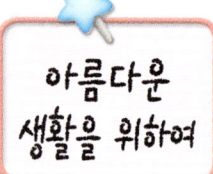

- 청소 구역을 정하고, 균형잡기놀이 방법에 따라 청소를 해 봅시다.
  - 1미터 정도 되는 막대를 준비합니다.
    (빗자루를 사용해도 됩니다.)

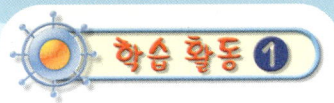 학습 활동 ①

 오림 자료를 이용하여 나의 방을 꾸며 봅시다.

● 다음 그림은 나의 방입니다. 오림 자료에 있는 그림들을 오려 제자리에 정리하여 봅시다.(121쪽의 오림 자료 활용)

🔴 주변 환경을 깨끗이 하려는 마음을 다져 봅시다.(121쪽의 오림 자료에서 그림 오려 붙이기)

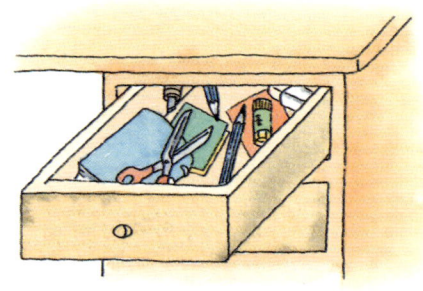

- 내 책상 속의 정리 점수는 몇 점 정도 될까요?

- 내가 생각하는 책상 속의 바른 정리는?

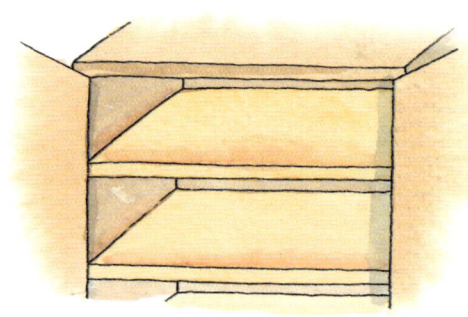

- 평소에 나의 신발장 정리 점수는 몇 점 정도 될까요?

- 여러 가지 신발을 왼쪽 신발장에 잘 정리된 모습으로 붙여 보세요.

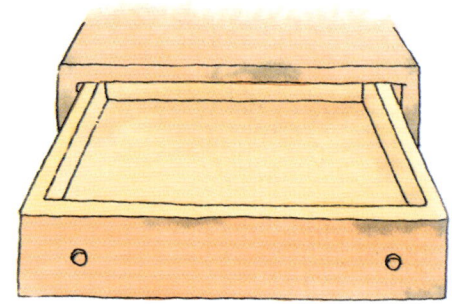

- 평소에 나의 서랍장 속 정리 점수는 몇 점 정도 될까요?

- 서랍장 속 물건들을 왼쪽 서랍장 속에 잘 정리된 모습으로 붙여 보세요.

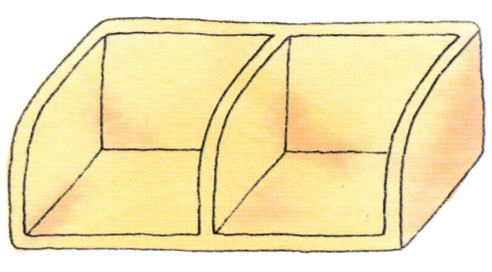

- 평소에 나의 책꽂이 정리 점수는 몇 점 정도 될까요?

- 여러 가지 책들을 왼쪽 책꽂이에 잘 정리된 모습으로 붙여 보세요.

 다음 글을 읽고, 주변을 잘 정리 정돈했을 때의 좋은 점을 생각해 봅시다.

이야기 읽기

없어진 숙제

송이는 학교에서 돌아오자마자 책상 위를 뒤적이며 무엇인가를 찾고 있었습니다. 어제 밤늦게까지 한 숙제물을 오늘 아침 깜빡 잊고 챙겨가지 못했기 때문입니다. 틀림없이 책상 위에 올려 놓은 것 같은데 아무리 찾아보아도 찾을 수가 없었습니다.

진땀을 흘리며 한참을 찾다가 송이는 혹시나 하는 마음으로 할머니께 여쭈어 보았습니다.

"할머니, 제 책상에 있던 숙제물 못 보셨어요."

"아니 보지 못했는데."

"책상 위가 깨끗해져 있는데 누가 정리했나요?"

"너무 지저분하길래 내가 정리했는데……."

"청소하시다가 혹시 숙제한 것 못 보셨어요?"

"글쎄다."

송이와 할머니는 가방 속과 책상 위, 여기저기 있을 만한 곳을 찾아보았지만 숙제물은 나타

나지 않았습니다. 숙제물을 찾지 못한 송이는 처음부터 다시 할 수밖에 없었습니다.

　며칠이 지났습니다. 송이는 동화책을 읽으려고 책꽂이에서 책을 꺼내다 책꽂이 뒤편에 무엇인가 끼워져 있는 것을 발견하였습니다.

　얼른 꺼내 보니, 그토록 애타게 찾던 숙제물이었습니다.

● 뒤늦게 숙제물을 찾은 송이는 어떤 생각을 하였을까요?

● 여러분의 경험을 적어 보세요.

● 이야기를 생각하며 주변을 잘 정리 정돈했을 때의 좋은 점에 대하여 이야기해 봅시다.

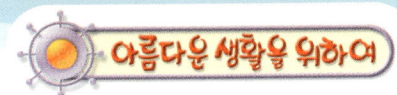

 청소 구역을 정하고, 균형잡기놀이 방법에 따라 청소를 해 봅시다.

방법

1. 6명이 한 모둠이 됩니다.
2. 교실에서 청소해야 할 곳을 4군데 정합니다.
3. 빗자루를 거꾸로 들고 어느 모둠이 오래 균형을 잡나 겨루어 봅니다.
4. 오래 균형 잡은 모둠의 순서로 청소할 곳을 선택합니다.
5. 자기 모둠에서 선택한 곳에 가서 청소를 합니다.
6. 청소를 마친 뒤에 친구들과 서로 확인하며 칭찬합니다.

● 청소하면서 느낀 점을 서로 이야기하고, 청소 후의 느낌을 정리하여 봅시다.

2 건전한 소비 생활

활동 목표	▶ 우리가 아껴 쓸 수 있는 것에는 어떤 것들이 있는지 알 수 있습니다. ▶ 우리 경제에 도움이 되는 소비 생활을 알 수 있습니다.	영역	기본 생활 습관 (아껴쓰기)
유의 사항	▶ 아껴 쓰는 생활과 관련하여 나의 고쳐야 할 습관은 어떤 것이 있는지 생각해 봅니다.	차시	3 - 4

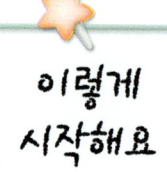

- 이야기를 읽고, 생각을 넓혀 봅시다.
  - 건전한 소비 생활
  - 현명한 물건 선택 방법

- 가게 놀이를 해 봅시다.
  - 나의 역할을 정합니다.
  - 오림 자료에서 여러 가지 물건을 오려 냅니다.
  - 국산품과 외제품을 구별할 수 있는 표시를 해 둡니다.
  - 가게 놀이를 한 후의 느낌을 이야기해 봅시다.

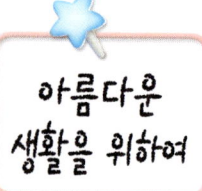

- 나의 소지품을 꺼내 놓고, 물품 목록을 만들어 봅시다.
- 작은 힘이지만 우리 경제에 도움이 될 수 있는 방법을 발표해 봅시다.

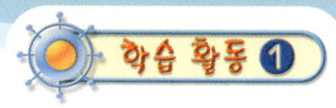

 이야기를 읽고, 생각을 넓혀 봅시다.

● 다음 이야기를 읽고, 건전한 소비 생활과 관련하여 뒷이야기를 상상하여 써 봅시다. 그리고 느낀 점을 적어 봅시다.

이야기 읽기

며느리의 군것질

옛날 어느 농촌에 아버지와 아들이 살고 있었습니다. 이 아버지와 아들은 함께 남의 집 머슴살이를 하여 악착같이 재산을 모았습니다. 그 결과, 살림이 넉넉하게 되어 아들을 장가 보낼 수 있었습니다. 장가를 들인 후 며느리에게 살림을 맡겨 놓았습니다. 그런데 이 며느리는 어찌나 군것질이 심하던지 살림이 점점 줄어들기 시작하였습니다. 참다 못한 시아버지는 꾀를 내었습니다. 밑 빠진 독을 구해다 놓고 며느리에게 이르기를

"오늘 이 독에다 물을 길어다 가득 채우지 못하면 친정으로 쫓아 보내겠다."

라고 하였습니다.

　머느리는 밤낮으로 독에 물을 열심히 길어다 부었으나 가득 차지 않았습니다.

● 앞의 내용과 관련하여 나의 경험을 적어 봅시다.

● 이야기를 읽고, 느낀 점을 적어 봅시다.

● 물건을 현명하게 선택하는 방법을 알아봅시다. 그림을 보고, 내가 생각하는 좋은 상품은 어떤 것인지 적어 봅시다.

- 가격이 나의 수준에 적당해야 합니다.
- 뚜껑을 여닫기가 편리해야 합니다.
- 학용품을 잘 보호할 수 있어야 합니다.

-
-
-

-
-
-

-
-
-

 가게 놀이를 해 봅시다.

1. 2명이 한 조가 되어 각자의 역할을 정합니다.
2. 오림 자료(123쪽, 125쪽)에서 여러 가지 물건을 오려 냅니다.
3. 각각의 물건은 국산품인지 외제품인지 표시가 되어 있습니다. 오려 낸 물건들을 예쁘게 진열해 둡니다. 단, 외제품일 경우, 만든 나라까지 정확히 표시를 해 둡니다.
4. 각자 맡은 역할에 따라 가게 놀이를 해 보고, 서로 역할을 바꾸어 다시 진행해 봅니다.

● 내가 구입한 물건을 다음 표에 붙여 보고, 구입한 까닭을 적어 봅시다.

구입한 물건	만든 나라	구입하게 된 까닭

구입한 물건	만든 나라	구입하게 된 까닭

🔴 가게 놀이를 한 후의 느낌을 서로 이야기해 봅시다.

● 아껴 쓰는 생활과 관련하여 고쳐야 할 나의 습관에는 어떤 것이 있는지 알아봅시다. 그림을 그리고, 간단한 문장으로 써 봅시다.

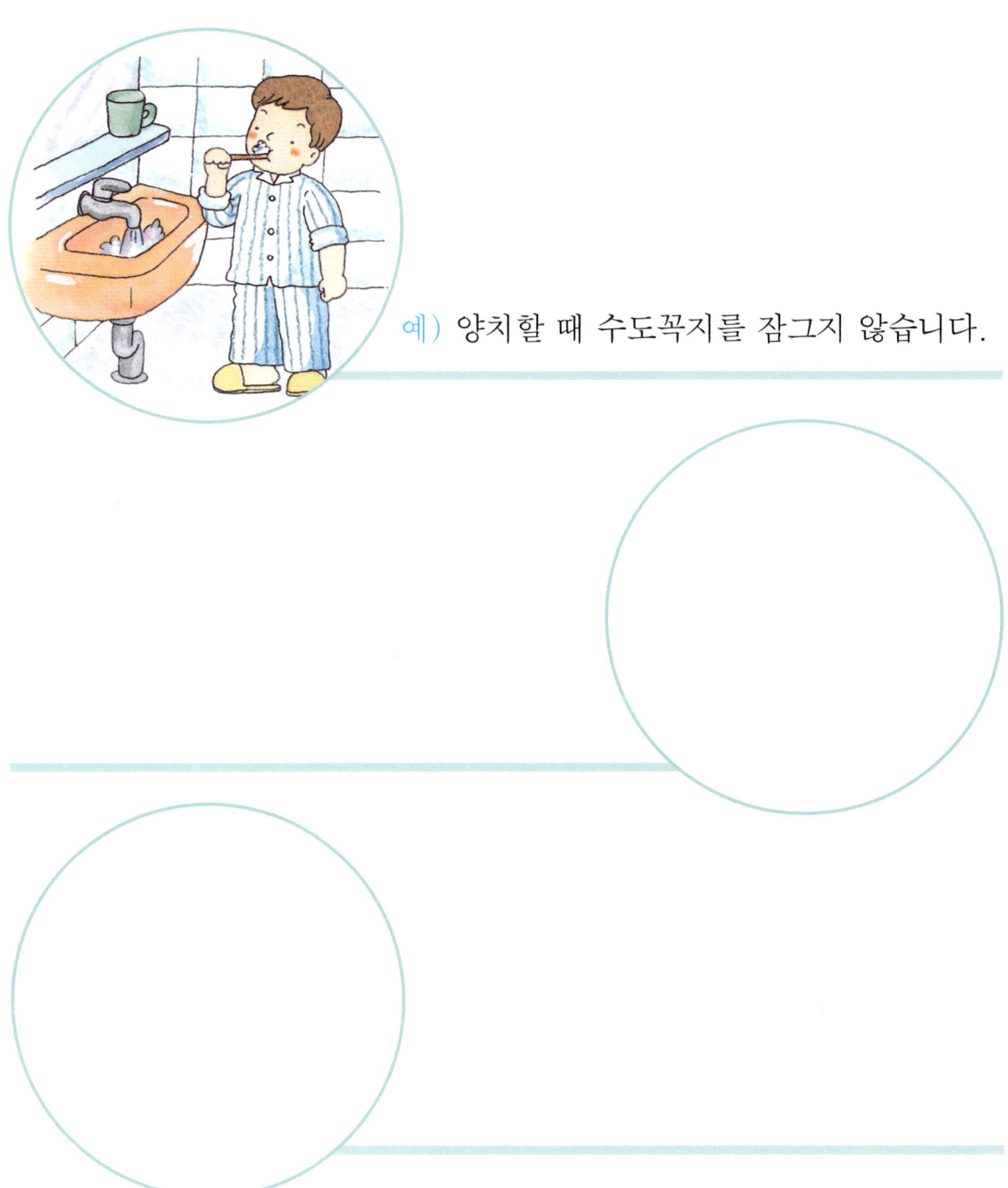

예) 양치할 때 수도꼭지를 잠그지 않습니다.

 나의 소지품을 꺼내 놓고, 물품 목록을 만들어 봅시다.

소지품 이름	물품 개수		외제품을 갖게 된 까닭
	국산품	외제품	
합 계			

● 나의 소지품의 목록을 보고 생각한 것은 무엇입니까?

생각 바꾸기 : 우리 나라의 물건을 외국으로 수출하려면 그 나라의 물건도 사 주어야 합니다. 무조건 국산품 애용만이 우리 나라에 도움이 되는 것은 아닙니다. 어떻게 하면 우리 나라가 손해를 보지 않고 많은 상품을 수출할 수 있을까요?

③ 열심히 사는 생활

활동 목표	▶ 모든 일에 게으르지 않고 항상 부지런히 일을 할 수 있습니다.	영역	기본 생활 습관 (성실한 생활)
유의 사항	▶ 어떤 일을 다른 사람이 시키기 전에 스스로 알아서 하면, 그만큼 즐겁게 할 수 있음을 생각해 봅니다.	차시	5-6

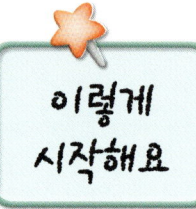

- 생활 계획표를 만들어 봅시다.
  - 계획표(자료)를 준비합니다.
- 우리들이 학급에서 담당 구역을 정해 할 수 있는 일을 알아봅시다.

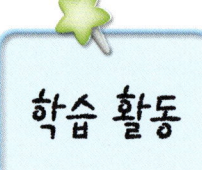

- 두 사람이 짝을 지어 역할극을 해 봅시다.
  - 이야기를 읽고, 생각을 넓혀 봅시다.
  - 자기가 할 일을 스스로 한 후의 느낌을 발표해 봅시다.

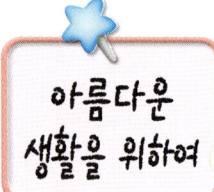

- 이야기를 읽고, 맡은 일에 최선을 다하는 것이 왜 중요한지 알아봅시다.

 생활 계획표를 만들어 봅시다.

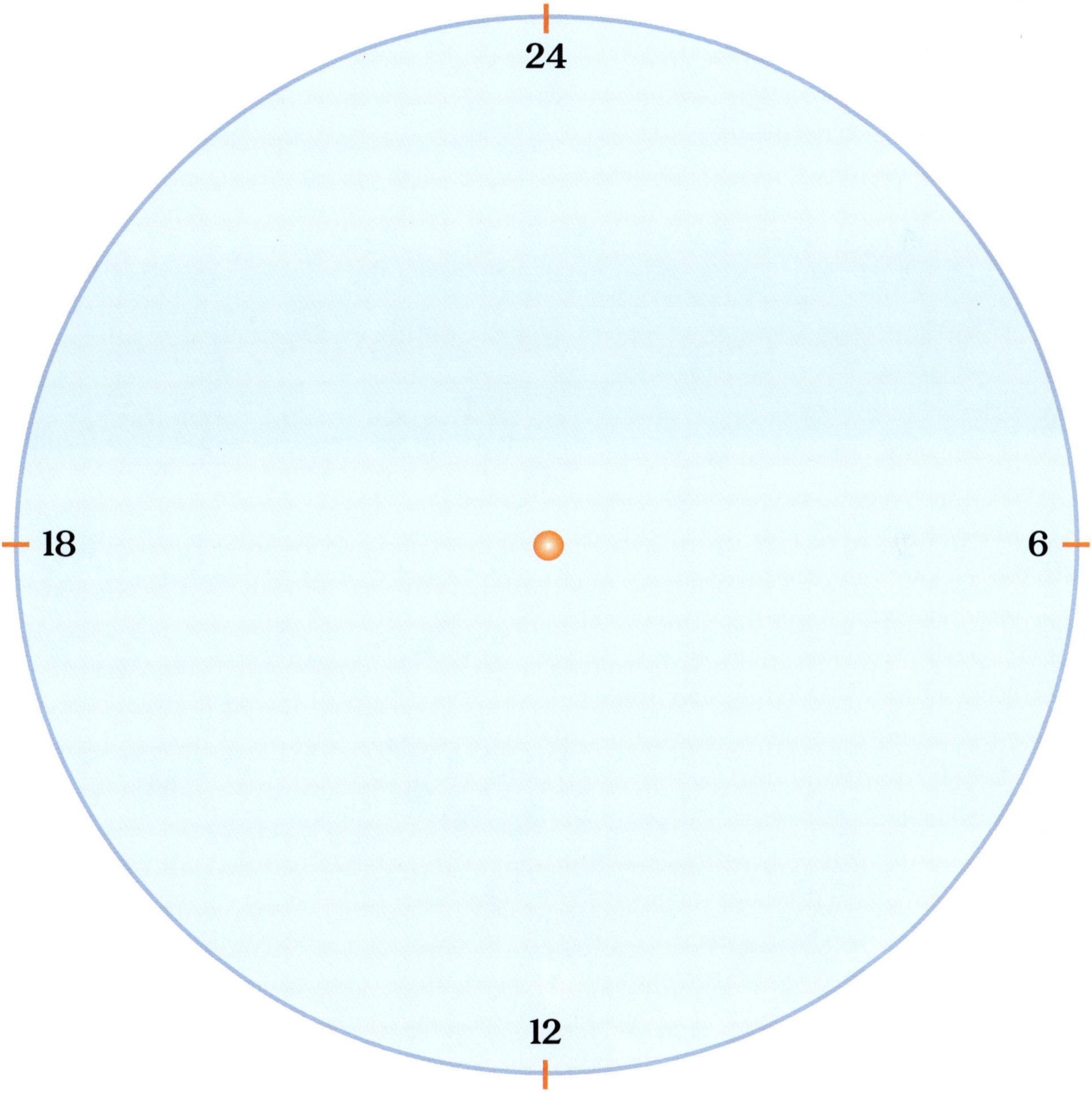

24

18   6

12

● 학급에서 담당 구역을 정하여 책임을 다해 청소해 봅시다.

담당 구역	담당 친구 이름	얼마나 잘 했나 색칠해 보세요.				
칠 판		☺	☺	☺	☺	☺
자료대		☺	☺	☺	☺	☺
책꽂이		☺	☺	☺	☺	☺
신발장		☺	☺	☺	☺	☺
컵 장		☺	☺	☺	☺	☺
		☺	☺	☺	☺	☺
		☺	☺	☺	☺	☺
		☺	☺	☺	☺	☺
		☺	☺	☺	☺	☺

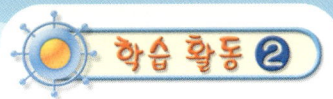

 두 사람이 짝을 지어 역할극을 해 봅시다.

시키는 일은 하기 싫어

　학교 운동장에서 친구들과 뛰어놀다 집에 돌아온 병욱이는 몸을 씻은 후 잠시 소파에 앉아 쉬고 있었습니다. 병욱이는 숙제가 생각이 나서 숙제를 하려고 일어나 방으로 가려는 순간,

병욱 : (소파에서 일어나 자기 방으로 향한다.)
엄마 : (부엌에서 일하시며) 병욱아, 숙제는 안 하고 뭐 하고 있니?
병욱 : (화가 난 목소리로) 지금 하러 가잖아요.
엄마 : (화난 목소리로 소리를 지르신다.) 항상 집에 오면 숙제부터 해야지.

● 〈시키는 일은 하기 싫어〉 역할극을 통해 느낀 점을 발표해 봅시다.

● 스스로 할 일을 했을 때 칭찬을 들었던 경험을 적어 봅시다.

● 자기가 맡은 역할에 최선을 다해 열심히 하는 친구가 누구인지 생각해 보고 칭찬해 봅시다.

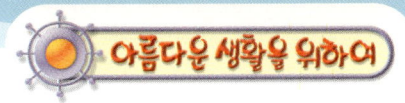

● 다음 이야기를 읽고, 맡은 일에 최선을 다하는 것이 왜 중요한지 알아봅시다.

이야기 읽기

목숨 걸고 책임을 다한 119 구조대원

낡은 집들이 옹기종기 모여 있는 골목에서 큰 불길이 솟았습니다. 전기 누전으로 불이 붙었던 것입니다. 좁은 골목길을 뚫고 소방차가 어렵게 도착해 보니 이미 건물은 거의 다 타고 있었습니다. 119 구조대원들은 무섭게 타오르는 불길에 소방 호스로 물을 뿌리며 건물 속에 갇혀 있는 사람들을 구조해 냈습니다.

불길이 잡혀 가고 있을 때쯤, 누군가 다급히 외치는 소리가 들렸습니다.

"저 쪽 창가에 사람이 있다!"

그 소리를 들은 6명의 구조대원들은 망설임 없이 건물 속으로 뛰어들어 갔습니다. 그러나 그들이 들어간 지 얼마 안 되어 갑자기 건물이 기우는 듯하더니 '우르쾅' 하고 무너지고 말았습니다.

구조대원들은 물을 뿌린 뒤에는 건물이 무너지기가 쉬워 위험하다는 것을 알면서도 구원의 손길을 기다릴 그 사람을 생각하니 그대로 있을 수가 없었던 것입니다.

위험을 무릅쓰고 건물 속으로 뛰어든 구조대원들은 무너지는 건물더미에 깔려 큰 부상을 당했습니다.

4 창의적인 생활

활동 목표	▶ 문제점을 발견하고 해결하는 창의적인 자세를 가질 수 있습니다.	영역	기본 생활 습관 (창의적인 마음)
유의 사항	▶ 새로운 것을 찾으려고 애쓰고, 스스로 문제점을 해결하려는 생각을 해 봅니다.	차시	7 - 8

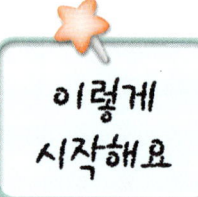

- 마인드 맵으로 생각을 넓혀 봅시다.
  - 이야기를 읽고, 생각을 키워 봅시다.

- 내 눈은 현미경
  - 내가 갖고 있는 학용품 중 하나를 골라 자세히 관찰해 봅시다.

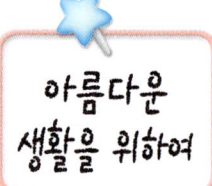

- 다양한 아이디어를 그림이나 글로 표현해 봅시다.
- 창의적인 생활이 나에게 어떤 도움을 주는지 생각해 봅시다.

 '창의적인 사람' 하면 떠오르는 것들을 마인드 맵으로 나타내 보세요.

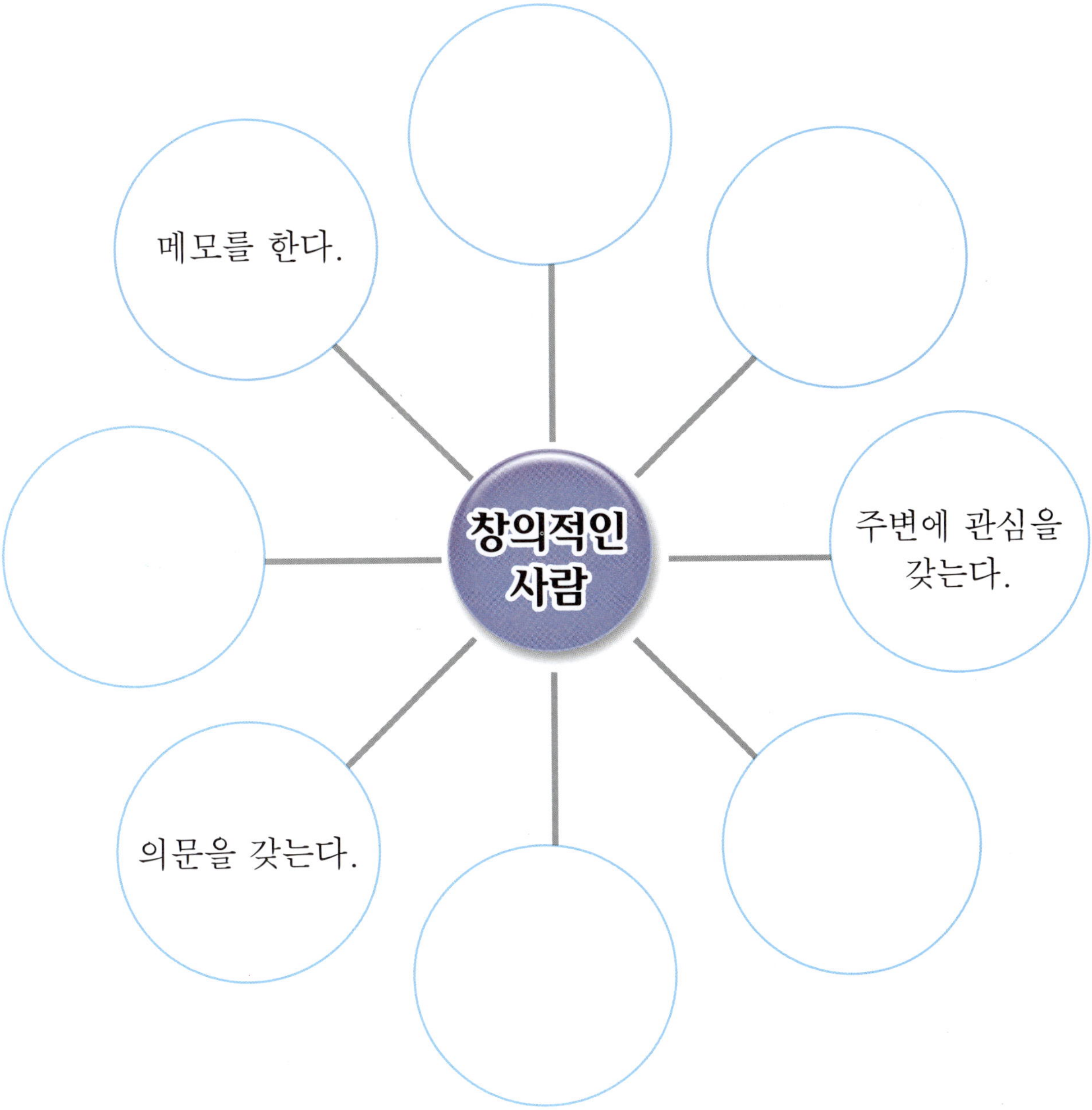

- 창의적인 사람
  - 메모를 한다.
  - 주변에 관심을 갖는다.
  - 의문을 갖는다.

○ 다음 이야기를 읽고, 생각을 키워 봅시다.

두 아버지 이야기

아들이 마당에 나와서 놀다가 돌에 채이고 집 앞 웅덩이에 빠져서 큰 상처를 입었습니다. 이를 본 아버지는 웅덩이로 뛰어들어 아들을 건져서 상처에 약을 발라 치료하여 주었습니다.

그런데 그 이웃의 아버지는 마당에 흩어져 있는 돌들을 미리 모두 정리하고 치웠습니다. 그리고 깊이 파인 웅덩이를 메웠습니다. 어린 아들이 빠질 수 있기 때문입니다.

○ 〈두 아버지 이야기〉는 무엇을 말해 주고 있습니까?

○ 〈두 아버지 이야기〉에서 어느 아버지의 해결 방법이 보다 근본적인 문제 해결이 될 수 있을까요? 왜 그렇게 생각합니까?

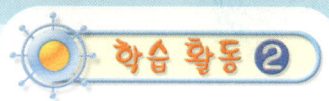 학습 활동 ❷

 학용품 중 하나를 골라 자세히 관찰해 봅시다.

● 생각이나 느낌이 아닌 관찰한 사실만을 적어 봅시다.

관찰물 :

● 생활 용품 중에 창의적인 생각으로 새롭게 만든 물건들이 많이 있습니다. 그 물건의 특징을 자세히 살펴봅시다. 그리고 편리하고 멋진 생활 용품을 나름대로 생각하여 그려 보고 그 특징을 써 봅시다.

- 가위날을 지그재그 모양으로 만들어 꽃모양 만들기가 쉽다.

내가 만든 멋진 물건

-
-

 **다양한 아이디어를 그림이나 글로 표현해 봅시다.**

● 과학과 수학에서만 창의적인 생각이 필요한 것은 아닙니다. 좋은 글쓰기에서도, 삶을 살아갈 때도 창의적인 생활은 우리에게 많은 도움을 줍니다. 생활하면서 불편한 점이나 문제점을 발견하고 해결할 수 있는 방법을 그림과 글로 표현해 봅시다.

5 인사 예절

활동 목표	▶ 일상 생활에서 올바른 인사 예절이 가지는 중요성을 알고 알맞은 인사 태도를 지닙니다.	영역	가정 · 이웃 · 학교 생활
유의 사항	▶ 상황과 상대에 맞는 인사법을 실천해 봅니다.	차시	9 - 10

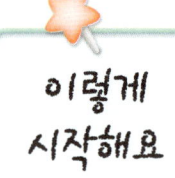
이렇게 시작해요

- 하룻동안의 여러 가지 인사말을 살펴봅시다.
  - 아침 저녁 문안드리기
  - 외출 전후 인사하기
  - 이웃 어른께 인사하기

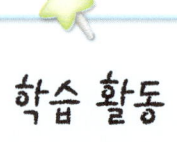
학습 활동

- '시골 선비의 재치' 이야기를 읽고, 생각해 봅시다.
  - 인사의 중요성 알기
- 상황에 따른 올바른 인사 예절을 알아보고, 실천해 봅시다.
  - 여러 가지 상황에 알맞은 인사말 알아보기
  - 서서 하는 인사법 알아보기

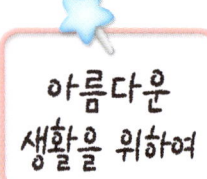
아름다운 생활을 위하여

- 말판을 이용하여 다양한 인사 예절을 익혀 봅시다.

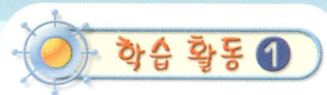

 하룻동안의 여러 가지 인사말을 살펴봅시다.

명랑한 인사는 서로를 기분 좋게 합니다

아침에 일어났을 때

학교에 갈 때

아는 친구를 만났을 때

아는 어른을 만났을 때

집에 돌아왔을 때

잠자기 전

● 다음 글을 읽고, 함께 생각해 봅시다.

이야기 읽기

시골 선비의 재치

높은 자리에 있는 어느 대신의 집에 일자리라도 얻어 볼까 하고 시골 선비가 대감을 찾아갔습니다. 넙죽 엎드려 인사를 드리고 기다려도 대감이 본 척도 하지 않으므로 잠시 후에 다시 한 번 인사를 드렸다. 그러자 이 모습을 보고 있던 대감이 몹시 화를 내면서

"자네는 나에게 두 번째 절을 올렸는데, 죽은 사람에게만 재배(두 번 절함)하는 것이 아닌가? 멀쩡하게 살아 있는 나에게 재배를 하는 것은 내가 죽기를 바란다는 말인가?"

하고 묻자, 젊은이는 천연덕스럽게

"대감님, 그게 무슨 말씀이십니까? 제가 처음엔 뵙는 인사를 드렸으나, 국사에 골몰하신 대감께서 저를 못 보신 것 같아서 혹시 방해가 될까 보아 조용히 물러나려고 작별의 인사를 드리고 돌아서려던 참이었습니다."

하고 대답을 하자, 대감은 그 선비를 가까이 두고 부리다가 큰 벼슬을 맡겼다고 합니다.

● 이 이야기를 통해 알게 된 것은 무엇인지 이야기해 보세요.

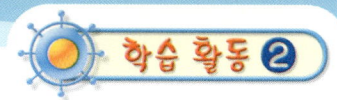

 상황에 따른 올바른 인사 예절을 알아보고, 실천해 봅시다.

◉ 여러 가지 상황에 알맞은 인사말을 알아봅시다.

- 기쁜 일이 있을 때에는 _____

- 슬픈 일이 있을 때에는 _____

- 도움을 받았을 때에는 _____

- 실수를 했을 때에는 _____

- 칭찬을 받았을 때에는 _____

- 폐를 끼쳤을 때에는 _____

- 친구가 사과를 할 때에는 _____

● 서서 하는 인사법을 알아보고, 익혀 봅시다.

▶ 목례

바른 자세로 섭니다. → 상대방을 똑바로 바라봅니다. → 허리를 굽히며 눈은 자연스럽게 아래를 봅니다. → 바르게 서서 다시 상대방을 바라봅니다.

▶ 보통 인사법

- 일상 생활에서 가장 자주 하는 인사법으로 고개를 35~45도 숙입니다.

▶ 정중례

- 국가 원수, 국빈, 국기에 대한 경례를 할 때 상체를 90도 숙입니다.

▶ 거수경례

- 제복, 제모 착용시나 의식 때의 인사입니다.

"인사는 때와 장소, 상대에 따라 그 방법이 다릅니다. 바른 인사법을 모르고 인사하면 오히려 상대방을 당황하게 하는 경우가 있으므로, 바른 인사법을 익혀 상대방에게 알맞은 인사를 하도록 합시다."

아름다운 생활을 위하여

● 놀이를 하면서, 올바른 인사 예절을 익혀 봅시다.

방
법

- 가위바위보로 순서를 정합니다
- 말을 정하고, 주사위의 숫자만큼 옮깁니다.
- 말이 멈추는 곳에 있는 지시대로 행동합니다.
- 먼저 도착하면 이깁니다.

| 악수하기 | 목례 | 소리내어 웃기 | 통과 | "안녕, ○○○" (친구 이름을 넣어 인사) | ⬅출발 |

| | 통과 | 거수경례 | 통과 | 통과 | 여자 큰절 하기 |

| 잠들기 전에 인사 | 통과 | 웃어른께 인사 | 웃어른께 인사 | 통과 | |

| | 통과 | 식사 시간 인사 | 통과 | 남자 큰절 하기 | ➡도착 |

6 너그러운 마음

활동 목표	▶ 다른 사람에게 너그럽게 대해야 하는 까닭을 알고, 일상 생활에서 너그러운 태도의 예를 살펴보고 실천해 봅니다.	영역	가정·이웃·학교 생활
유의 사항	▶ 내가 소중하듯이 남을 존중하는 태도를 갖습니다.	차시	11 - 12

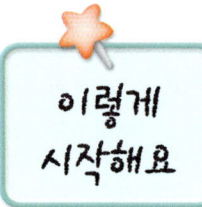

- 이야기를 읽고, 다른 사람에게 너그럽게 대해야 하는 까닭을 알아봅시다.
    - 은혜 갚은 잉어
- 나라면 어떻게 했을까?

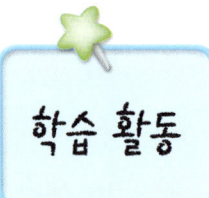

- 이야기를 읽고, 다른 사람에게 너그럽게 대하는 일을 실천해 봅시다.
    - 할머니의 마음
- 너그러운 태도를 지닌 친구를 칭찬해 봅시다.

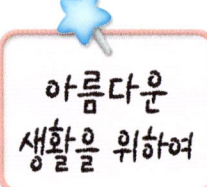

- 역할극을 해 봅시다.
    - 두 역할을 바꾸어 가며 하기

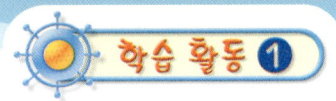

 다음 이야기를 읽고, 다른 사람에게 너그럽게 대해야 하는 까닭을 알아봅시다.

이야기 읽기

은혜 갚은 잉어

옛날 어떤 마을에 마음씨 착한 낚시꾼 할아버지와 할머니가 살았대요. 하루는 할아버지가 강에 나가 늦도록 낚시를 드리우고 있었지만 물고기는 한 마리도 잡히지 않았어요.

"거참, 이상도 하지. 이렇게 피라미 한 마리 잡히지 않다니······. 오늘은 그만 낚싯대를 거둬야겠구먼."

할아버지가 허리를 펴며 막 낚싯대를 거두려 할 때 갑자기 낚싯대가 휘청했어요. 낚싯대를 들어 보니 금빛 비늘이 번쩍거리는 잉어였어요. 그런데 잉어를 들여다보던 할아버지는 깜짝 놀랐어요. 마치 살려 달라는 듯이 잉어가 눈물을 뚝뚝 흘리고 있지 않겠어요? 마음이 아파진 할아버지는 혼자 중얼거렸어요.

"하루쯤 물고기를 못 잡을 수도 있지 뭐. 말 못 하는 물고기라도 이렇게 눈물을 흘리며 애원하는걸······."

다음 날, 여느 날처럼 강에 나가 낚시를 드리우고 있던 할아버지는 물에서 나온 사람이 자신에게 절을 하자 또 한 번 깜짝 놀랐어요.

"저는 용왕님의 신하입니다. 어제 할아버지가 놓아 주신 금빛 잉어는 용왕님의 아드님이시랍니다. 왕자님이 할아버지를 꼭 모셔 오라고 하셨습니다."

말을 마친 사람은 자신이 타고 온 거북이의 등에 할아버지를 태우고 물 속으로 들어갔어요. 용궁에 도착한 할아버지를 용왕님과 왕자님이 반갑게 맞이했어요.

"어서 오십시오. 제 목숨을 살려 주셔서 정말 고맙습니다."

"내 아들을 살려 준 은혜를 갚고자 하니 마음껏 즐기시오."

할아버지는 처음 보는 맛난 음식에 멋진 옷을 입고 용궁의 잔치를 즐겼어요. 하지만 며칠이 지나자 그렇게 훌륭한 잔치도 시들해지고 할머니가 보고 싶어 견딜 수가 없었어요. 그것을 눈치챈 왕자님이 말했어요.

"할아버지, 용왕님이 보물을 하나 선물하실 터이니 꼭 푸른 구슬을 달라고 하세요."

할아버지는 까닭도 모른 채 왕자님이 시키는 대로 했어요. 용왕님은 푸른 구슬을 선물로 주며 말씀하셨어요.

"이 구슬은 이 용궁에도 하나밖에 없는 보물이오. 원하는 건 뭐든 가질 수 있다오."

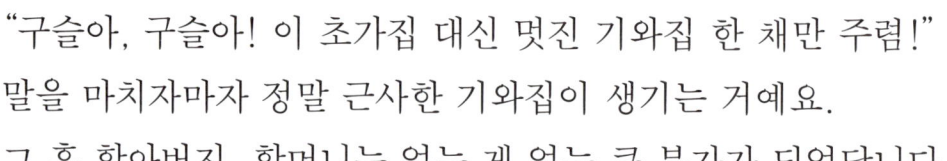

할아버지는 선물을 받고 다시 거북이의 등을 타고 집으로 돌아와서 할머니에게 그 동안 있었던 일을 모두 얘기했어요. 그리고 첫번째 소원을 빌었어요.

"구슬아, 구슬아! 이 초가집 대신 멋진 기와집 한 채만 주렴!"

말을 마치자마자 정말 근사한 기와집이 생기는 거예요.

그 후 할아버지, 할머니는 없는 게 없는 큰 부자가 되었답니다.

● 다른 사람을 너그럽게 대해야 하는 까닭을 써 봅시다.

나라면 어떻게 했을까?

● 이런 경우에 나는 어떻게 행동했을까요? 그리고 나의 행동에 따라 어떤 결과가 나오게 될지 써 봅시다.

일어난 일	나의 행동	결과
내가 아끼는 장난감을 동생이 망가뜨렸을 때		
친구가 거짓말을 했을 때		

● 나의 잘못이나 실수를 말씀드리고 용서받은 일이 있었나요? 용서받은 후의 마음은 어떠했나요?

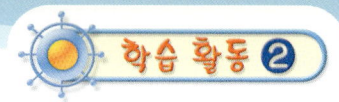

너그러운 마음은 남을 이해하고 용서하는 마음이기도 합니다. 다음 이야기를 읽고, 다른 사람에게 너그럽게 대하는 일을 실천해 봅시다.

할머니의 마음

이른 아침, 할머니는 다른 날과 똑같이 염주를 굴리면서 독송을 하고 계셨어요.

"할머니, 오늘도 부처님 만났어요? 오늘은 무엇을 빌었어요?"

"응, 우리 석이 짝꿍은 예쁜 여자 아이가 되길 빌었지."

"앵! 할머니, 내 마음을 어떻게 알았어요?"

할머니는 대답 대신 빙그레 웃으며 석이 등을 토닥거리셨어요.

드디어 입학식날, 1학년 1반 줄의 앞쪽에 서 있는 석이를 할머니는 흐뭇한 얼굴로 바라보고 계셨어요.

"어머니, 석이 짝꿍이 참 예쁘네요."

석이 엄마가 환하게 웃으며 할머니에게 말했어요.

석이가 초등 학교에 입학한 지도 여러 날이 지난 어느 날이었어요. 큰집에 다녀오신 할머니가 집으로 돌아와보니 석이가 무릎을 꿇고 두 손을 번쩍 든 채 마룻바닥 위로 눈물을 뚝뚝 쏟고 있었어요.

"아니, 웬일이냐?"

할머니는 깜짝 놀라 황급히 다가가서 석이를 일으켜 세웠어요. 그러나 석이는 할머니 팔을 뿌리치며 마룻바닥에 털썩 주저앉았어요.

"어머니, 그냥 두세요."

그 날 밤 석이는 한 마디 말도 없이 이불을 똘똘 말고 벽을 향해 돌아누웠어요.

이튿날 새벽, 할머니가 석이를 살살 흔들어 깨웠어요.

"석이야, 할머니 염주 못 봤니?"

"몰라요."

"이상하네. 분명 여기 있었는데……."

"할머니 마음은 거짓말쟁이야."

석이는 이불을 머리끝까지 덮어쓰며 퉁명스럽게 말했어요.

아침 청소를 마친 석이 엄마는 방으로 들어가 염주를 들고 나와 할머니 앞으로 조심스럽게 내려놓았어요.

"어머니 용서하세요. 제가 자식을 잘못 키웠네요. 어제 석이 가방을 정리하다가 어머니 염주를 발견했어요. 망가져 알이 모두 쏟아져 있지 뭐예요. 그래서 제가 새것으로 준비했어요."

"허허허…그랬구나."

언제나 너그러운 할머니 입가엔 편안한 웃음이 흘렀어요.

알고 보니 선생님이 짝꿍 예솔이를 딴 애하고 앉게 하고 다른 친구를 짝꿍 만들어 주셔서 석이가 심통이 났었나 봐요.

● 이 이야기에서 할머니의 어떤 마음을 느낄 수 있나요?

● 우리 반 친구 중에 너그러운 태도를 지니고 있어 본보기가 되는 사람이 있다면 칭찬해 보세요.

- 친구 이름

- 본보기가 된 내용

- 칭찬해 주고 싶은 말

관용이란?

인간은 더불어 살아가는 과정에서 고의든 실수든 서로 잘못을 저지르게 됩니다. 이런 잘못에 대해 너그럽게 용서해 주는 마음을 '관용'이라 하며, 이를 위해서는 다른 사람의 입장을 이해하는 마음이 있어야 합니다.

● 두 역할을 바꾸어 가며 역할극을 해 보세요.

 **엄마가 되어**

　　　　－ 연락도 없이 늦게 아이가 집에 왔을 때

 **자녀가 되어**

　　　　－ 신나게 놀고 밤늦게 숙제할 때

관용의 마음을 가지려면…

− 상대방의 잘못에 대해 질책이나 핀잔보다는 너그럽게 용서하려는 마음을 갖습니다.

− 친구와 다투었을 때에는 자기의 잘못 여부를 먼저 생각해 보고, 잘못이 있다면 사과를 하여야 합니다.

− 잘못을 저지른 사람에게는 그 잘못을 고칠 수 있는 기회를 마련해 주어야 합니다.

− 입장을 바꾸어 잘못한 사람의 처지에서 생각해 봅니다.

− 잘못을 탓하기에 앞서 잘못을 인정하도록 타이릅니다.

7 약속을 지켜야 좋은 친구

활동 목표	▶ 약속을 잘 지키는 바른 생활을 할 수 있습니다.	영역	가정·이웃·학교 생활 (약속과 믿음의 중요성)
유의 사항	▶ 작은 약속도 꼭 지키는 생활 태도를 길러 봅시다.	차시	13 - 14

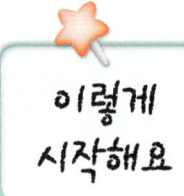

- '꼭꼭 약속해' 노래를 불러 봅시다.
  - 너하고 나는 친구 되어서… 꼭꼭 약속해.

- 친구가 약속을 어겼을 때 나의 기분은 어떠했는지 느낌을 발표해 봅시다.
- 이야기를 읽고, 생각해 봅시다.

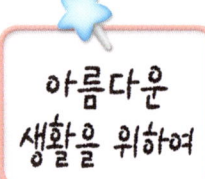

- 주사위놀이를 하며, 약속과 믿음의 중요성을 생각해 봅시다.
- 약속을 지키는 일은 왜 중요한지 의견을 나눠 봅시다.

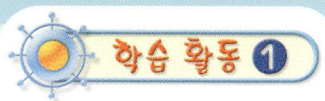

 '꼭꼭 약속해' 노래를 불러 봅시다.

너 하고 나는   친구되 어서   사이좋게   지내자
싸움하면은   친구아 니야   사랑하고   지내자
맛있는것은   나눠먹 으며   서로돕고   지내자

새끼손가락   고리걸-고   꼭 꼭   약속해
새끼손가락   고리걸-고   꼭 꼭   약속해
새끼손가락   고리걸-고   꼭 꼭   약속해

● 다음 이야기를 읽고, 만일 내가 상대방이라면 어떻게 할 것인지 이야기해 봅시다.

이야기 읽기

소풍날 아침

소풍날 아침, 철민이와 재원이는 학교 정문 앞에서 만나 같이 소풍 장소로 가기로 했습니다.

철민 : (시계를 보며) '왜 이렇게 안 오는 거야.'

철민 : (왔다 갔다 하며) '20분이나 지났는데……, 왜 안 오지?'

기다리다 못해 철민이는 공중 전화로 가 재원이네 집으로 전화를 했습니다.

재원이 어머니 : "재원이는 삼촌 차를 타고 바로 소풍 장소로 간다고 했는데……."

철민 : "학교 정문에서 만나 같이 가기로 했는데요?"

재원이 엄마 : "마침 삼촌이 그 근처를 지나갈 일이 있어서 태워다 준다고 하니까, 그냥 삼촌을 따라가고 말았나 보구나. 미안해서 어떻게 하지?"

철민 : (맥이 빠진 목소리로) "어쩔 수 없지요."

- 만일 내가 재원이라면 어떻게 해야 할까요?

- 만일 내가 철민이라면 앞으로 어떻게 할까요?

 다음 이야기를 읽고, 느낌을 나누어 봅시다.

이야기 읽기

약속을 지켜야 좋은 친구예요

학교에서 민철이가 영수에게 말했습니다.

"우리 할아버지께서 교통 사고로 많이 다치셔서 믿음병원에 입원하셨어."

민철이 할아버지는 영수 할아버지와 친구 사이여서 영수는 더욱 놀랐습니다.

"믿음병원 몇 호실이니?"

"나도 병실은 몰라. 집에 가야 알 거야."

영수와 민철이는 시간을 정해 병원에서 만나기로 하고 헤어졌습니다.

영수에게서 이 말을 들으신 할아버지께서는 몹시 걱정하시며 영수를 데리고 함께 문병을 가려고 집을 나섰습니다. 그러나 약속된 시각에 약속한 장소에서 아무리 기다려도 민철이가 오지 않았습니다.

"이런 믿지 못할 녀석이 있나. 사람은 약속을 잘 지키는 것이 가장 중요한 것이다. 약속을 지켜야 남에게서 믿음을 받는 것이고, 믿음이 있어야 좋은 친구가 되는 것이다."
한참 지나서 민철이가 헐떡이며 뛰어왔습니다.
"영수 할아버지, 안녕하셨어요? 영수야, 미안하다. 엄마의 급한 심부름을 갔다 오느라 늦었어."
"아무리 바쁘더라도 남의 사정을 듣지도 않고 원망하는 것은 경솔한 짓이란다."
할아버지께서 후회스럽게 말씀하셨습니다.

● **이야기를 읽고, 다음을 생각해 봅시다.**

- 할아버지는 왜 후회스럽게 말씀하셨을까요? 자신의 생각을 정리하여 발표해 봅시다.

- 평소에 침착하셨던 할아버지가 왜 그렇게 서두르셨을까요?

- 친구를 함부로 의심하여 곤란했던 경험을 적어 봅시다.

 주사위놀이를 하며, 약속과 믿음의 중요성을 생각해 봅시다.

1. 6명을 한 모둠으로 정합니다.
2. 모둠원이 한 가지씩 약속을 생각하여 '약속 카드'를 만듭니다.
3. 책상 위에 1~6번까지 번호표를 준비합니다.
4. 번호 위에 '약속 카드'를 한 장씩 올려 놓습니다.
5. 주사위를 던져 나오는 숫자와 같은 번호 위의 약속 카드를 집습니다.
6. 약속 카드에 적힌 내용을 보고, 나는 그런 경우에 어떻게 할지 친구들에게 이야기합니다.
7. 누가 상황에 맞게 바르게 이야기했는지 말해 봅시다.
8. 약속 카드를 섞어 여러 번 놀이해 봅시다.

- 약속한 친구가 나보다 먼저 와서 기다릴 때
- 갑자기 약속을 지키지 못할 사정이 생겼을 때
- 먼저 약속한 일보다 더 하고 싶은 일이 생겼을 때
- 약속 시각이 지났는데도 친구가 오지 않았을 때
- 친구가 약속을 취소하고 싶어할 때
- 비밀을 약속한 친구가 다른 친구에게 이야기했을 때

8 효도와 우애

활동 목표	▶ 부모님께 효도하고 형제 자매 간에 사이좋게 지내려는 마음을 가집니다.	영역	가정·이웃·학교 생활 (효도와 우애)
유의 사항	▶ 형제간의 우애도 부모님께 효도하는 방법의 하나임을 알고 실천합니다.	차시	15 - 16

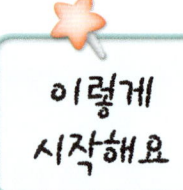

- '효도' 하면 떠오르는 낱말들로 마인드 맵을 펼쳐 봅시다.
  - 부모님께 효도하는 방법을 서로 이야기해 봅시다.
  - 효도하는 방법을 알고 실천해 봅시다.

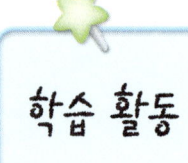

- 이야기를 읽고, 효도에 대해 생각해 봅시다.

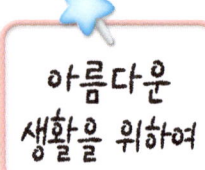

- 형제 자매 간에 우애 있게 지내려는 마음을 다져 봅시다.

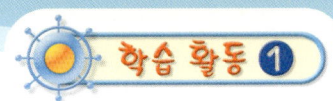

'효도' 하면 떠오르는 낱말들로 마인드 맵을 펼쳐 봅시다.

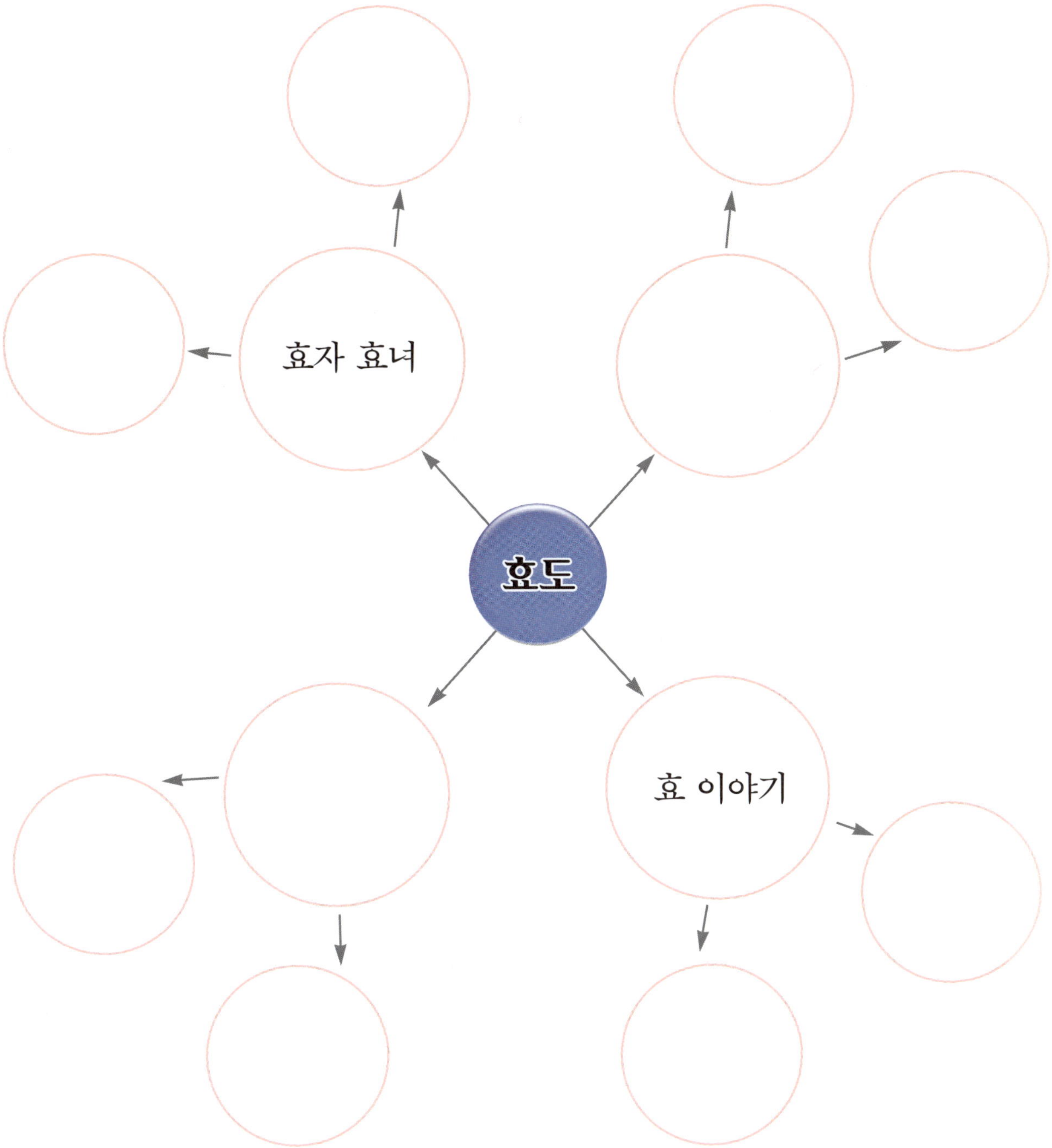

- 효자 효녀
- 효 이야기
- 효도

● 다음은 부모님께 효도하는 방법을 그린 그림입니다. 그림에 색칠하고 실천해 봅시다. 또한 일 주일 동안 실천해 보고 실천한 횟수대로 ○에 색칠해 봅시다.

 이야기를 읽고, 다음을 생각해 봅시다.

가재와 소년

지금으로부터 약 백 년 전의 일입니다.

대보름날이어서 아이들은 마을 앞 동산에 올라 연을 날리며 재미있게 놀고 있었습니다.

김 진사도 동산에서 동네 아이들이 띄우는 연을 바라보고 있다가 해질 무렵이 되어 집으로 돌아가려고 언덕을 내려왔습니다.

마을 앞 개울을 건너던 김 진사는 문득 발길을 멈추었습니다.

한 아이가 꽁꽁 언 개울 한가운데서 도끼로 얼음을 깨며 울고 있는 것이었습니다.

김 진사는 이상해서 그 아이 곁으로 다가갔습니다. 울고 있는 아이는 동네 아이인 듯 낯이 익었습니다.

"너 왜 여기서 울고 있느냐?"

김 진사의 물음에 아이는 아무 대답을 하지 않았습니다. 여전히 울면서 도끼로 얼음을 깨고 있었습니다.

"이놈아, 무슨 일인지 이야기를 해야 알지, 그렇게 울고만 있으면 어떻게 하니?"

김 진사가 답답하다는 듯이 약간 소리를 높였습니다.

그러자 아이는 눈물을 닦으며 말했습니다.

"어머니의 약을 구하려고요."

"어머니의 약? 아니, 어머니가 어디가 어떻게 편찮으신데 이런 곳에서 약을 구한단 말이냐?"

"어머니께서 종기가 나서 너무 아파하세요. 가재를 잡아다 붙이면 낫는다고 해서 가재를 잡으려고 얼음을 깨는데 잘 깨지지가 않아요."

그러면서 아이는 계속 새파랗게 언 손등으로 흐르는 눈물을 훔쳐 냈습니다. 김 진사는 소년이 참으로 딱했습니다.

"얘야, 이렇게 추운 겨울에 가재가 어디 있다고 잡느냐? 집으로 그냥 돌아가거라."

"그럼 어머니 종기는 어떡해요?"

아이는 김 진사가 야속하다는 듯이 바라보고는 무거운 도끼를 들고 다시 얼음을 깨기 시작하였습니다.

보아하니 아이는 열 살도 안 되어 보였습니다.

김 진사는 어린애가 제 어머니를 위해 안타까워하는 모습을 보고 그냥 돌아서서 집으로 갈 수가 없었습니다. 그래서 아이의 도끼를 받아들고 얼음을 깼습니다. 그러나 얼음은 두껍게 얼었기 때문에 쉽게 깨지지 않았습니다.

한참을 힘들여 겨우 얼음을 깨고 개울 바닥을 들여다보았으나 자잘한 얼음 부스러기들로 인해 물이 흐려져서 바닥이 잘 보이지 않았습니다. 그러자 아이는 저고리 소매를 걷어올리고 차가운 얼음물

속으로 손을 넣어 바닥을 뒤지기 시작하였습니다.

아이의 손은 금방 빨갛다 못해 새파래졌습니다. 하지만, 아이는 감각도 없는지 부지런히 돌만 뒤졌습니다.

김 진사도 같이 돌을 뒤집어 보았으나 가재는커녕 그 비슷한 것도 보이지 않고 손가락이 빠지는 듯 아프고 저려 왔습니다.

어른이 그러한데 어린 아이의 손이 얼마나 시리고 아프겠습니까? 그러나 아이는 멈추지 않고 하던 일을 계속할 뿐이었습니다.

시간이 제법 흘렀는지 날이 어둑어둑해졌습니다.

그 때, 커다란 돌을 들추던 아이가 갑자기 환호성을 질렀습니다.

지성이면 감천이라고, 힘들게 들어올린 돌 밑에 가재들이 웅크리고 있었던 것입니다. 아이는 가재를 움켜쥐고 어둑해진 논둑길을 정신없이 달려갔습니다.

그 광경을 물끄러미 바라보며, 김 진사는

"허허, 어린 것의 지극한 효성을 하늘이 알아 준 것이야."
하고 중얼거렸습니다.

아이는 집으로 오자마자 가재를 돌로 찧어서 어머니의 종기에 붙여 드렸습니다.

하룻밤이 지나고 종기를 보니 훨씬 나아 보였습니다.

아이는 나머지 가재로 계속 종기에 붙여 드렸습니다. 이틀이 지나자 어머니의 종기는 거의 다 나았습니다. 정말 꿈 같은 일이었습니다.

그 뒤 이 이야기를 들은 마을 사람들은 종기가 나면 가재를 잡아다 찧어서 붙여 보았지만 잘 낫지 않았습니다.

그러자 다른 사람들은,

"그게 아무나 낫는 줄 아나? 그건 효성으로 낫는 것일세."
하며, 두고두고 아이의 효성을 칭찬하였습니다.

● 아이의 어머니는 어떻게 해서 종기가 나았나요?

● 마을 사람들은 아이 어머니의 종기가 어떻게 나았다고 하였나요?

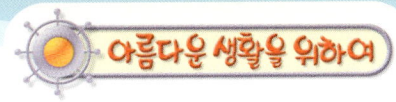 아름다운 생활을 위하여

● 형제 자매 간에 사이좋게 지내기 위해 나의 생활을 반성하고 새롭게 다짐해 봅시다.

나의 반성

나의 다짐

● '나의 다짐'에 대한 실천을 평가해 보고, 점수만큼 예쁘게 색칠해 봅시다.

나의 평가	☺ ☺ ☺ ☺ ☺
부모님의 평가	☺ ☺ ☺ ☺ ☺

9 스스로 안전을 지켜요!

활동 목표	▶ 우리 생활 주변 곳곳에서 일어날 수 있는 사고들을 예방하는 행동 습관을 기릅니다.	영역	사회 생활 (안전)
유의 사항	▶ 사례별 사고 유형을 알아보고, 활동과 실천 위주로 공부를 합니다.	차시	17 - 18

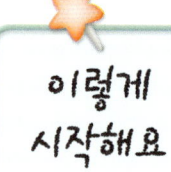

- 학교에서 일어난 사고를 생각해 보고, 자신의 행동을 반성해 봅시다.
    - 보건 선생님께 작년 한 해 동안 우리 학교에서 일어난 안전 사고에 대해 들어 봅시다.
    - 안전 스티커를 만들어 학교 곳곳에 붙여 보고, 학교에서 조심해야 할 점을 실천해 봅시다.

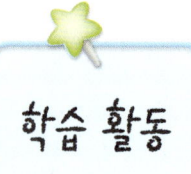

- 교통 사고가 많이 일어나는 사례를 알아보고, 안전한 행동 습관을 기릅시다.
    - 어린이 교통 사고 통계표를 보며 스스로 자신의 목숨과 안전을 지키도록 노력합시다.
    - 사고가 가장 많이 일어나는 8가지 사례를 알아보고, 안전한 3가지 행동 습관을 길러 봅시다.

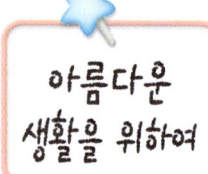

- '엄마손'을 만들어 실제로 횡단 보도에 나가서 함께 건너 봅시다.

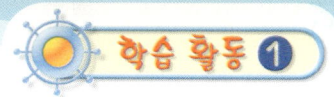 학습 활동 ①

 학교에서 일어난 사고를 생각해 보고, 자신의 행동을 반성해 봅시다.

● 다음 이야기는 우리가 늘 다니는 복도나 계단에서 일어난 일입니다. 사고에 대비해 안전 장치를 마련하는 것과 함께 중요한 것이 있습니다. 무엇일까요?

이야기 읽기

얼마 전, 어느 초등 학교에서는 쉬는 시간에 큰 사고가 일어났습니다. 한 학생이 복도에서 친구와 쫓고 쫓기다가 위층 계단에서 내려오는 학생과 부딪쳤습니다.

급히 병원으로 옮겼는데, 다행히 의식은 찾았으나 뇌에 충격을 받아 학업도 중단한 채 장기간 입원 치료를 받게 되었습니다. 복잡한 해결 과정을 겪으면서 피해를 입힌 학생 부모님은 엄청난 치료비를 부담하는 어려움을 겪었고, 전 교직원과 모든 학생들도 모금 운동을 펼쳤습니다.

- 왜 이런 불행한 사고가 일어났을까요?

- 보건 선생님께 작년 한 해 동안 우리 학교에서 일어난 안전 사고에 대해 들어 봅시다.

🔴 우리 교실을 둘러보고 사고가 일어날 수 있는 곳을 찾아봅시다. 사고가 일어나지 않도록 조심해야 할 점을 말해 볼까요?

🔴 안전 스티커를 만들어 붙여 볼까요? 눈에 잘 띄도록 노란색 바탕에 검은색 글씨를 써야 합니다.(윗부분에는 안전 도우미 캐릭터를, 아랫부분에는 내용을 적어 보세요.)

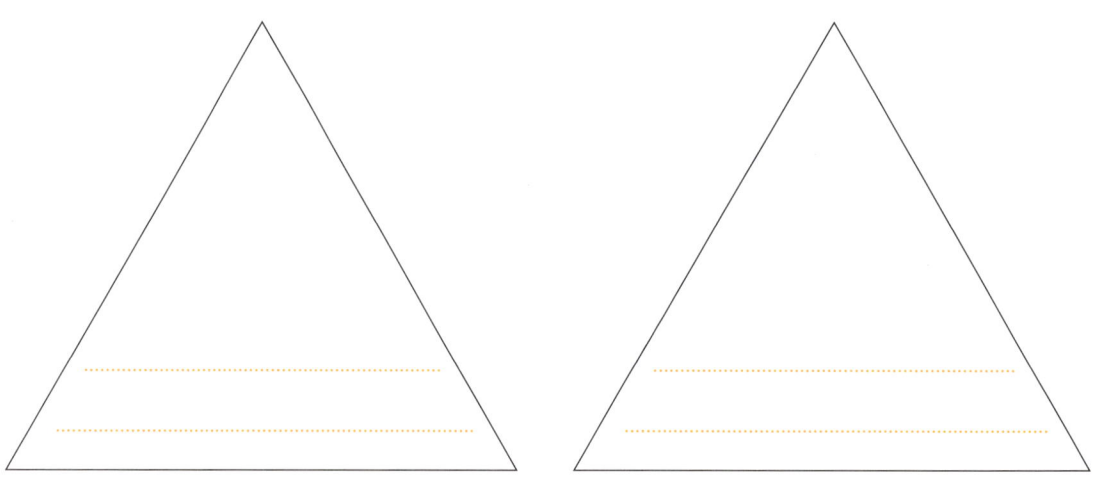

 교통 사고가 많이 일어나는 사례를 알아보고, 안전한 행동 습관을 기릅시다.

● 다음 표는 교통 사고를 당한 어린이들을 학년별로 나타낸 것입니다.

연도 \ 학년	1	2	3	4	5	6	계
1998	57	36	17	26	9	19	164
1999	58	26	24	17	7	23	155
2000	61	32	24	25	13	21	176

● 왜 이렇게 많은 어린이들이 불행한 일을 당했을까요? 교통 사고를 당하지 않기 위해 조심해야 할 점은 무엇인지 그림을 보고 알아봅시다.

● 다음의 안전한 3가지 행동 습관을 길러 봅시다.

▶ **첫째, '우선 멈추는 습관'**

　어린이가 길을 건너거나, 차가 다니는 도로로 나갈 때는 항상 우선 멈추는 습관을 길러야 합니다. 일단 멈추면 주위 차를 살펴볼 수 있는 마음의 여유가 생겨납니다.
　어느 통계에 의하면 실제로 어린이 사고 중 70% 이상이 도로 횡단 사고인데, 이 중 90%가 갑자기 뛰어들기 사고로, 뛰는 것이 천천히 걷는 경우보다 사고 위험이 7배나 높은 것으로 볼 때, 항상 우선 멈추는 습관을 길러야 합니다.

▶ **둘째, '운전자와 눈 마주치는 습관'**

　손을 들고 운전자와 눈을 마주치는 것은 '제가 먼저 갈 테니 멈추어 주십시오.'라는 표시입니다. 그리고 차가 멈추는 것을 꼭 확인한 다음 건너도록 하는 보행 습관이 중요합니다.

▶ **셋째, '차를 계속 보면서 건너는 습관'**

　신호등의 초록 불이 들어와도, 어린이가 손을 들어도 그냥 지나치는 차가 있습니다. 그러므로 항상 차를 계속 보면서 건너야 합니다.

아름다운 생활을 위하여

● '엄마손'을 만들어 볼까요? 그리고 앞의 3가지 습관을 지켜서 횡단 보도를 건너 봅시다.

> 준비물 : 나무 젓가락, 두꺼운 도화지, 풀

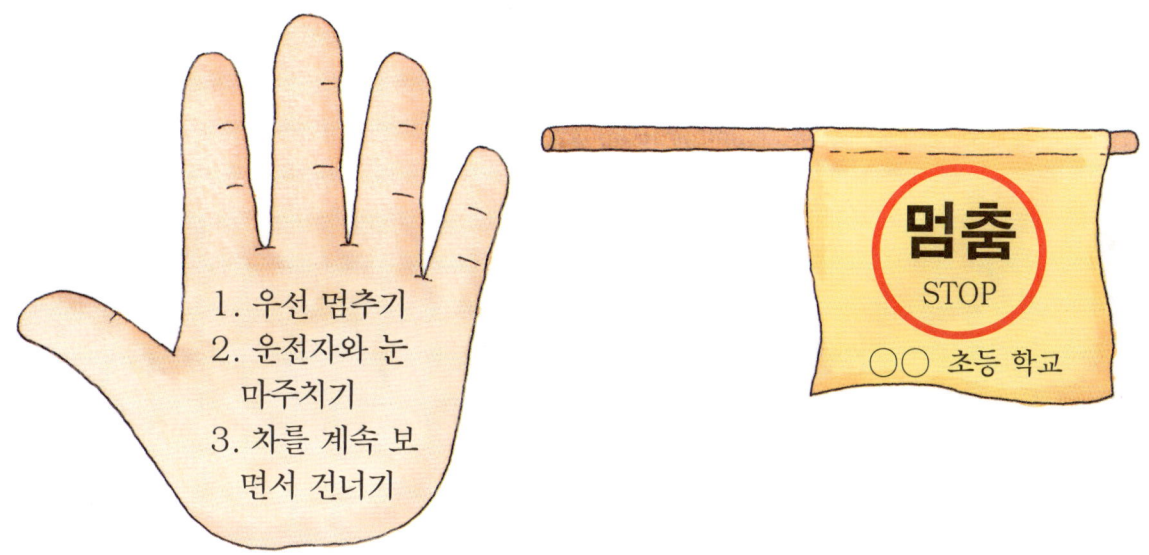

1. 우선 멈추기
2. 운전자와 눈 마주치기
3. 차를 계속 보면서 건너기

멈춤 STOP
○○ 초등 학교

대통령의 선언 '어린이가 안전한 나라'

　노무현 대통령은 제81회 어린이날을 맞아 어린이가 안전한 나라를 만들기 위해 노력하겠다고 선언하였습니다. 스스로 자신을 지킬 능력이 없는 어린이들이 어른들의 부주의와 무관심으로 인해 갖가지 사고와 재해를 입어 아름다운 싹을 피워 보지 못하고 쓰러져 가는 것을 미안해했습니다.

　또한 정부는 국무 총리실에 '어린이 안전 추진반'을 설치해 어린이 안전을 위한 일들을 하기로 했습니다.

　어린이 여러분, 우리도 자신의 안전을 위해 안전한 생활 습관을 길러 나갑시다.

10 질서는 편한 것!

활동 목표	▶ 질서를 지키는 것이 우리가 안전하게 생활하는 것임을 깨닫고 실천합니다.	영역	사회 생활 (질서)
유의 사항	▶ 질서를 불편하게 여기는 생각을 바꾸어 주도록 노력합니다.	차시	19 - 20

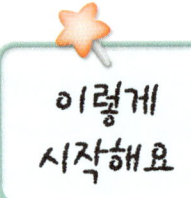

- **주사위놀이를 하며 여러 가지 질서에 대해 알아봅시다.**
  - 이야기를 읽고, 줄을 서는 방법에 대해 의논해 봅시다.

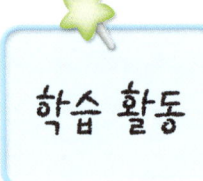

- **여러 가지 장면을 보며 질서의 중요성에 대해 배워 봅시다.**
  - 이야기를 읽고, 질서를 지키면 도리어 편한 것임을 이해합니다.

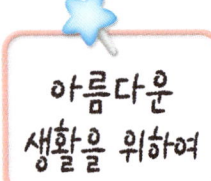

- **나의 질서 점수를 점검해 봅시다.**
  - 질서 점수가 높은 사람을 칭찬해 줍시다.

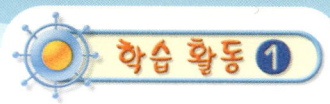

 주사위놀이를 하며 여러 가지 질서에 대해 알아봅시다.

● 주사위를 굴려서 나온 수만큼 말을 움직입니다. 질서를 잘 지킨 사람이 목적지에 빨리 도착할 수 있습니다.

출발 ➡

| 1 | 2 | 3 | 4. 도착한 순서대로 줄서기 (11번으로) | 5 |

| 10 | 9 | 8 | 7 | 6. 등산객이 바위 틈에 쓰레기 숨기기 (2번으로) |

| 11 | 12. 야간이나 비 오는 날 밝은 색 옷 입기 (15번으로) | 13. 긴급 상황에서 질서 지키기 (22번으로) | 14 | 15 |

| 20 | 19. 지하철, 버스 안에서 조용히 하기 (23번으로) | 18. 공연장에서 뛰어다니기 (11번으로) | 17 | 16 |

| 21 | 22 | 23 | 24. 공원 의자 위에 신을 신고 올라가기 (20번으로) | 25. 길가에 음료수 캔 버리기 (10번으로) |

⬅ 도착

| 30 | 29 | 28. 무단 횡단하기 (14번으로) | 27. 유원지에서 큰 소리로 떠들기 (16번으로) | 26 |

● 다음 이야기를 읽고, 질서의 중요성을 생각해 봅시다.

이야기 읽기

  벚꽃 구경을 하러 가족끼리 호수 공원에 놀러 간 연수는 갑자기 배탈이 났습니다. 있는 힘껏 참으며 화장실로 달려간 연수는 깜짝 놀랐습니다. 화장실 문 밖으로 줄 선 사람이 많은 것입니다. 얼굴이 새하얗게 질린 채 한참을 서 있어도 자기가 서 있는 줄은 줄어들 줄 몰랐습니다. 그런데 자기 옆줄은 소변만 보는지 금방금방 사람이 교체되었습니다. 점점 뱃속이 폭발할 것만 같아 연수는 도저히 참을 수 없는 지경이 되었습니다.
  자, 어린이 여러분. 화장실에서 연수와 같은 사람들이 생기지 않도록 하려면 어떻게 줄을 서야 할까요?

● 화장실에서는 어떻게 줄을 서야 할까요?

● 화장실 외에 위와 같은 방법으로 줄을 서야 하는 곳은 어디일까요?

 여러 가지 장면을 보며 질서가 편한 것임을 배워 봅시다.

🔴 다음 아래 그림을 보고, 공중 질서를 잘 지키는 장면에는 ○표, 잘 지키지 않는 장면에는 ×표를 하세요.

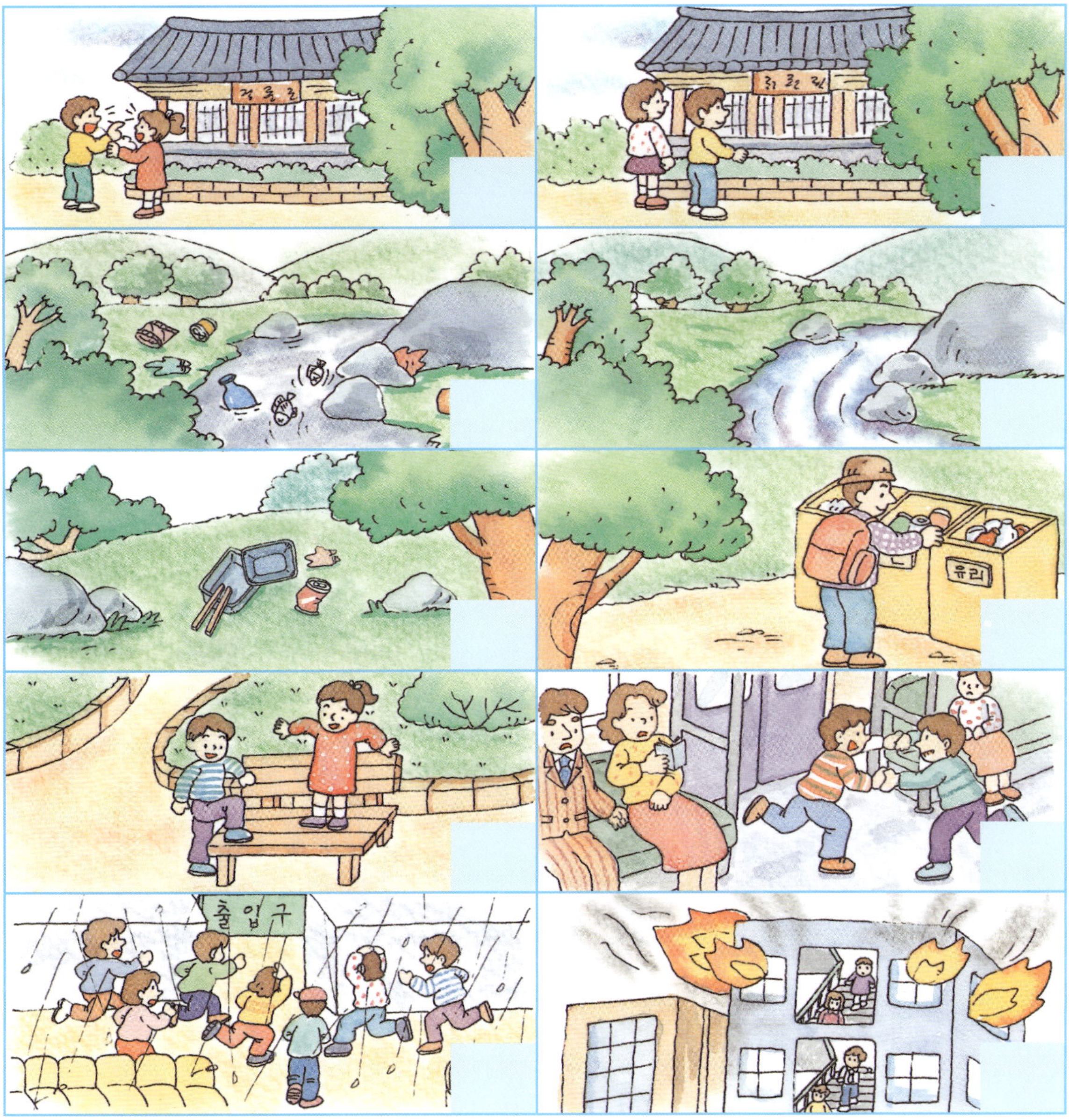

● 다음 이야기를 읽고, 생각해 봅시다.

이야기 읽기

영국의 수상 처칠을 태운 차가 과속하다가 교통 경찰에게 걸렸습니다.

"이봐, 내가 누군 줄 아나? 지금 각료 회의 가는 중이네."

처칠은 이렇게 말하며, 그냥 보내 줄 것을 요구했습니다.

그러나 경찰은

"예, 얼굴은 수상 각하와 비슷합니다. 그러나 법을 지키는 것은 비슷하지 않습니다."

라고 말하며 단속했습니다. 이에 감동받은 처칠은 그 날 경시총감을 불러 자초지종을 이야기한 후,

"그 경찰을 찾아 특진시키게."

하고 말했습니다. 그러나 경시총감은 과속 차량을 적발했다고 특진시키라는 규정은 없다며 거절했습니다.

● 처칠은 제2차 세계 대전을 승리로 이끈 영웅으로 알려진 영국의 수상입니다. 이렇게 유명하고 높은 지위에 있는 사람도 예외 없이 지켜야 하는 것은 _____ 입니다.

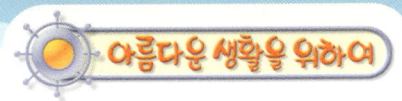

● 나의 질서 점수는 몇 점일까요?(○=1점, ×=0점)

1	나는 복도에서 뛰어다니지 않습니다.	○	×
2	나는 간식이나 급식을 받을 때 줄을 서서 순서를 기다립니다.	○	×
3	나는 거리에 쓰레기를 버리지 않습니다.	○	×
4	나는 공중 전화를 사용할 때 뒷사람을 생각해 용건만 간단히 얘기하고 끊습니다.	○	×
5	나는 길을 건널 때에 횡단 보도나 육교 지하도를 이용해 길을 건넙니다.	○	×
6	나는 지하철이나 버스 안에서 떠들거나 돌아다니지 않습니다.	○	×
7	나는 공원 의자에 신발을 신고 올라가지 않습니다.	○	×
8	나는 자연물이나 문화재를 아끼고 보호합니다.	○	×
9	나는 음식점 안에서 큰 소리로 떠들거나 친구들과 장난치며 소란을 피우지 않습니다.	○	×
10	나는 새치기를 하지 않습니다.	○	×
	점수 합계		

※ 9~10점 : 모범 시민입니다. 축하합니다.
　6~8점 : 안전하고 깨끗한 사회를 만들기 위해 노력해 주십시오.
　5점 이하 : 지금 곧 나쁜 습관을 버리십시오.

● 질서 점수가 높은 사람을 칭찬해 줍시다.

11 아름다운 사람들

활동 목표	▶ 봉사 활동의 보람을 체험을 통해 직접 느끼고 실천합니다.	영역	사회 생활 (봉사)
유의 사항	▶ 작은 봉사 활동을 격려하고 칭찬하는 것이 매우 중요합니다.	차시	21 - 22

- 학교 주변의 쓰레기줍기를 하고, 활동 소감을 이야기해 봅시다.
  - 학교 구석구석 또는 학교 주변을 돌아다니며 쓰레기를 주워 봅시다.
  - 활동 후의 소감을 시로 나타내 봅시다.

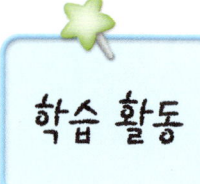

- 이야기를 읽고, 다른 사람을 배려하는 마음과 행동에 대해서 생각해 봅시다.
  - 봉사 정신이 훌륭한 친구에게 모범 시민상을 만들어 줍시다.

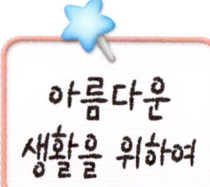

- 친구와 짝을 지어 봉사 활동 실천 계획을 세워 실천해 봅시다.

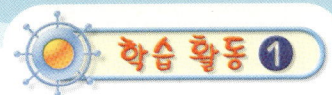

 학교 주변의 쓰레기줍기를 하고, 활동 소감을 이야기해 봅시다.

● 학교를 구석구석 돌아다니며 쓰레기를 주워 봅시다.

> 준비물 : 쓰레기봉투, 집게 또는 면장갑

● 활동 후의 소감을 한 편의 시로 써 보세요.

● 다음 이야기를 읽고, 생각해 봅시다.

이야기 읽기

빈 병을 줍는 할머니

여름 휴가 중에 피서를 가지 못했던 우리는 바람이라도 하루 쐬고 오자는 아버지의 제의에 지난 일요일, 동네에서 가까운 강가로 나갔습니다. 그 곳은 우리 읍내에서는 유일한 피서지와 휴식처로, 물이 맑고 얼음처럼 차가워 일요일이면 많은 사람들이 찾곤 하는 곳입니다. 그 날도 마침 일요일이라 곳곳에는 많은 사람들로 붐볐습니다. 여기저기 고기 굽는 냄새와 연기가 코를 찔렀습니다.

우리가 적당한 곳에 자리를 잡고 쉬고 있을 때 할머니 한 분이 등에 자루 두 개를 지고 올라오셨습니다. 땀을 뻘뻘 흘리며 오신 할머니는 우리를 보고 빈 병이나 깡통이 있으면 좀 달라고 하셨습니다.

"빈 병은 뭐 하시게요?" 하고 묻는 나에게 자루 하나를 가리키며 여기에 빈 병을 모아서 파신다고 하셨습니다.

할아버지와 함께 양로원에 계시는 할머니는 할아버지와 함께 아침에 양로원을 나와서 할머니는 그 곳에서, 할아버지는 약수터에서 병과 쓰레기를 줍는 일을 하신다고 하셨습니다. 빈 병과 폐품을 판 돈으로 같이 있는 노인분들 과자도 사 드리고 음식도 대접하고 생신을 맞으신 분들에게 선물도 사서 위로하고 계시다고 했습니다. 또, 푼푼이 저금도 하셨다가 노환으로 편찮으신 분이 있으면 조금씩 도움을 준다고 하셨습니다. 그래도 우리는 둘 다 살아 서로 의지하고 아직은 몸을 움직일 수 있으니 큰 복이 아니겠느냐며 웃으시는 할머니의 모습이 아름답게 느껴졌습니다.

'나를 감동시킨 사람들' 중에서

● 나이가 들어 힘도 없으실 텐데 굳이 뙤약볕을 맞으며 빈 병을 주우시는 할아버지, 할머니께 건강히 오래오래 사시라고 편지를 써 봅시다.

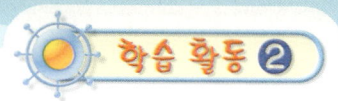 학습 활동 ❷

 다음 글을 읽고, 다른 사람을 배려하는 마음과 행동에 대해서 생각해 봅시다.

이야기 읽기

　내가 의무 경찰로 근무할 때, 본부 옆에는 김밥, 떡볶이, 라면 등을 파는 분식집이 있었습니다. 아주 작은 가게였지만 주인 아저씨의 음식 맛은 최고였습니다. 특히, 여러 가지 야채를 섞어 끓여 주는 라면은 그 맛이 천하 일품이었습니다.

　나는 그 분식집을 자주 찾곤 했는데 아직까지 그 라면맛을 잊을 수가 없습니다. 하지만, 그보다 더 오래 기억에 남는 것은 주인 아저씨와 아주머니의 따뜻한 마음입니다.

　그분들은 대부분 객지 생활을 하고 있는 우리들을 친자식처럼 대해 주셨습니다. 한창 먹성이 좋을 때인 우리에게 일부러 더 푸짐하게 음식을 내주셨고, 가끔 음식값을 깎아 주거나 아예 받지 않으시기도 했습니다. 또, 넉넉하지 않은 형편인데도 우리들을 모아 놓고 회식을 시켜 주기도 하셨습니다.

　우리는 그분들의 얼굴에 늘 미소가 가득한 건 아마도 넉넉한 마음 씀씀이 때문일 거라고 얘기하곤 했습니다.

　작지만 평화롭고 정겨운 그 분식집 앞에서 우리는 힘든 일과를 잊고 행복해하곤 했습니다.

　그러던 어느 겨울날 새벽녘, 중요한 일이 있어 차가운 겨울 바람을 헤치며 그 분식집 앞을 지나고 있을 때였습니다.

몸이 얼어붙을 것 같이 추운 날씨였기 때문에 잔뜩 웅크린 채 앞만 보며 걷고 있는데 분식집 옆 육교 쪽에서 '탁탁' 하는 소리가 들려왔습니다.

이른 새벽부터 무슨 소리인가 궁금해서 휙 돌아보니 한 아저씨가 육교 계단 하나하나에 굳게 얼어붙은 얼음을 깨고 있었습니다. 나는 나도 모르게 그 쪽으로 발걸음을 옮겼습니다.

내 발자국 소리에 뒤를 돌아보던 그분과 눈이 마주친 순간, 나는 깜짝 놀라고 말았습니다.

바로 분식집 아저씨였습니다.

아저씨는 저녁 늦게까지 일하고도 행여 누가 다칠까 봐 이른 새벽부터 추위에 얼음을 깨고 있었던 것입니다.

아저씨의 그 아름다운 마음을 나는 평생 잊지 못할 것입니다.

다른 사람을 배려하는 주인 아저씨께 너무나 고마운 생각이 들었습니다.

🔴 우리 반에서 이웃과 친구를 위해 봉사를 실천하는 친절한 어린이를 추천하여 모범 시민상을 만들어 줍시다.

모범 시민상

○○ 초등 학교

이름 ○○○

위 어린이는 이웃과 친구를 위해 봉사하는 삶을 실천하는 친절한 우리의 이웃으로서 그 삶이 우리의 귀감이 되므로 모범 시민상을 드립니다.

아름다운시장 ○○○

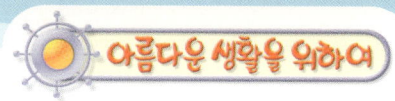

● 친구와 짝을 지어 봉사 활동 실천 계획을 세워 실천해 봅시다.

봉사 활동 실천 계획표

활 동 명	
활동한 사람	
활 동 목 적	
활 동 내 용	
활 동 시 간	
활 동 장 소	
활 동 사 진	
	활동 소감 :
활 동 날 짜	/ / / / / / / / / /

12 더불어 살아가면 행복해요

활동 목표	▶ 더불이 살아가는 것이 왜 중요한가를 깨닫고 실천 방법을 알아봅니다.	영역	사회 생활 (공동체)
유의 사항	▶ 더불어 살아가는 태도에는 여러 가지가 있을 수 있지만, 아주 사소하고 작은 것일 수 있음을 알게 합니다.	차시	23 - 24

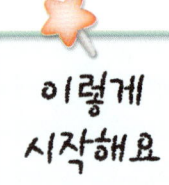
- 두 마을의 줄다리기 경기를 보며 더불어 살아가는 태도에는 어떤 것이 있는지 알아봅시다.
- 손의 불평을 듣고 손을 위로하는 글을 써 봅시다.

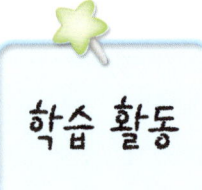
- 불볕이 내리쬐는 사막 한가운데 서 있는 소나무 숲을 그리면서 더불어 살아가는 것이 왜 중요한지 생각해 봅시다.
- 여러 사람이 이용하는 장소에서 무질서하게 행동한 우리 자신을 돌이켜 봅시다.

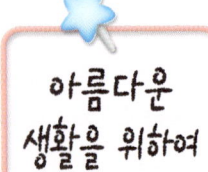
- 내가 더불어 살아 행복했던 경험을 시로 지어 봅시다.

 그림을 보고 생각해 봅시다.

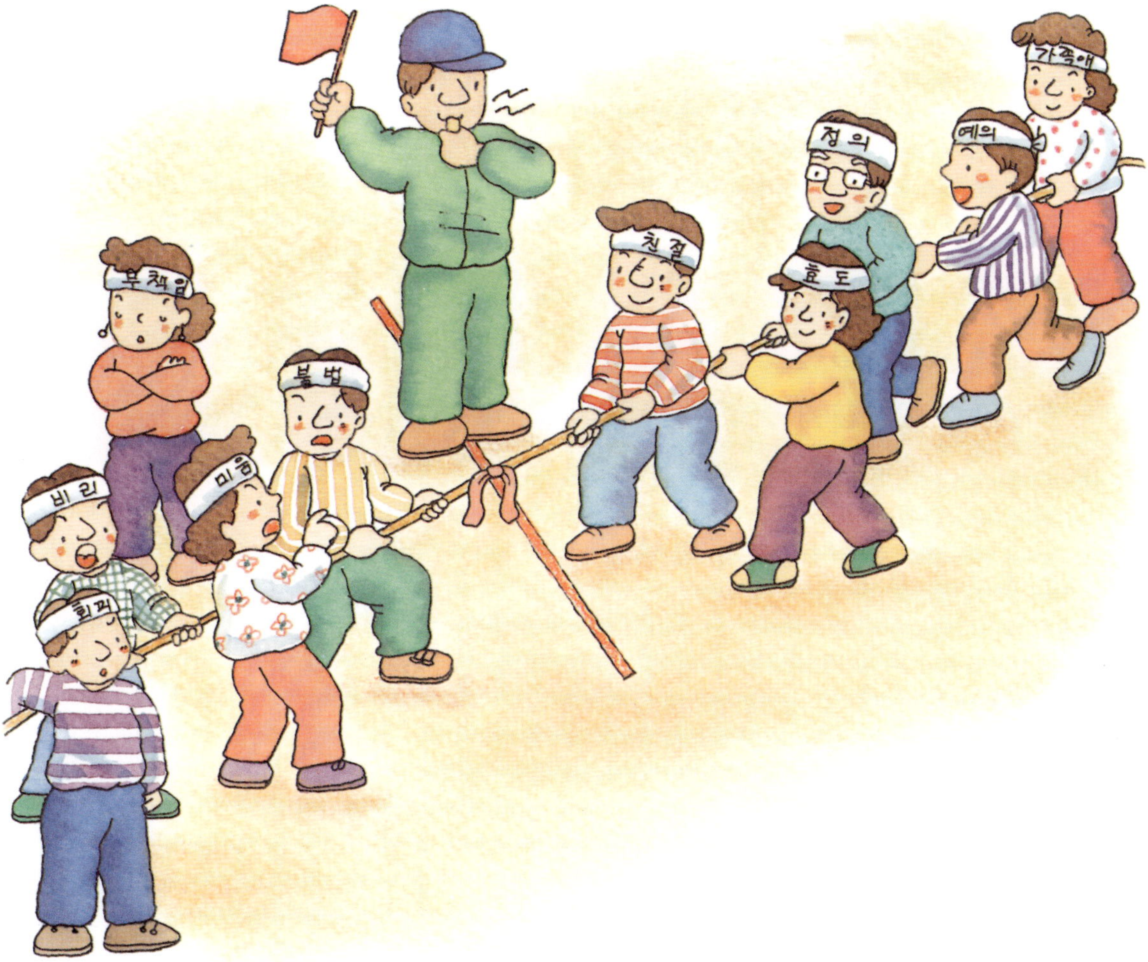

● 줄다리기 경기를 하는 두 마을의 모습을 보면서 더불어 살아가는 태도에는 무엇이 있는지 이야기해 봅시다.

● 다음 이야기를 읽어 봅시다.

이야기 읽기

사람의 몸에는 수많은 기관들이 있습니다.

어느 날, 손이 가만히 생각해 보니 그렇게 억울할 수가 없었습니다. 위장은 매일 먹고 놀기만 하는데 자기는 먹지도 못하면서 온갖 잡일을 다 해야 한다는 생각에 불만스러웠습니다.

급기야 손은 투덜대기 시작하였습니다.

"여러분! 우리는 모두 한 몸에 붙어 사는데 누구는 매일 일만 하고, 누구는 편안하게 먹고 놀기만 하니 이거 불공평하지 않습니까?"

그러자 입이 말했습니다.

"맞아요. 나만 하더라도 매일 세 끼씩 음식을 씹느라고 온갖 고생을 다 하고 있는데, 눈은 하는 일 없이 아름다운 경치나 감상하고 있으니 말입니다."

그리하여 모든 기관들은 이 날부터 모든 일을 멈추고, 쉬기로 결의를 하였습니다. 코는 숨쉬기를 멈추었고, 심장은 박동을 중단하였습니다. 그러자 몸은 점점 힘이 빠지고 정신은 혼미해져서 죽기 직전까지 이르렀습니다. 그러자 손이 서둘러 말했습니다.

"여러분! 제가 잘못했으니 제발 각자의 일을 다시 시작합시다."

● 손에게 위로하는 글을 써 봅시다.

 이야기를 읽고 생각해 봅시다.

● 다음 이야기를 읽고, 더불어 살아가는 것이 왜 중요한지 생각해 봅시다.

이야기 읽기

미국 샌프란시스코 부근에 '레드우드'라는 공원이 있습니다.

사막 지역임에도 불구하고, 공원에는 우람한 소나무들이 하늘을 찌를 듯이 높이 솟아 숲을 이루고 있습니다.

심한 더위와 가뭄 때문에 아무것도 살 수 없을 것 같은 이 사막에 어떻게 레드우드 공원과 같은 숲이 만들어질 수 있었을까요?

그것은 사람들이 물을 주기도 하지만, 여러 나무가 함께 자라기 때문이라고 합니다.

즉, 많은 나무가 함께 자라면서 바닥엔 늘 그늘이 지고 습기가 증발되는 것을 막아 주어 나무가 죽지 않고 숲을 유지할 수 있다는 것입니다.

그런가 하면, 처음에는 울창했던 밀림의 나무들도 한 그루씩 자꾸 베어지면, 앞의 경우와는 반대로 점차 땅이 보습 기능을 잃고 메마르게 되어 나머지 나무들도 전부 말라 죽고 맙니다.

여러분! 요즈음 우리 주변에는 이웃은 아랑곳하지 않고 나 혼자만 잘 살려는 사람들이 있는 것 같습니다.

　그러나 사람은 혼자서는 살 수 없습니다. 이웃과 더불어 함께 할 때, 레드우드 공원의 숲처럼 사막도 옥토가 될 수 있습니다.

　우리에게 지금 가장 필요한 것은 잘 살기 위해 힘쓰는 것보다 서로를 사랑하며 보람 있게 사는 일일 것입니다.

● 불볕이 내리쬐는 사막 한가운데 서 있는 소나무 숲 '레드우드'를 그려 봅시다.

● 다음 이야기를 읽고, 여러 사람이 이용하는 공공 장소에서 무질서한 행동을 하지 않았는지 스스로 돌이켜 봅시다.

이야기 읽기

　몇 년 전, 친지를 방문할 일이 있어 홍콩에 간 김에 거기서 30분 거리에 있는 마카오를 관광한 일이 있었습니다. 마카오에는 수백 년의 역사를 자랑하는 '관음당'이라는 오래 된 사찰이 관광 명소로 알려져 있었습니다. 절 뒤쪽 마당에는 다른 고목들과 함께 푸르고 울창한 대나무 숲이 있었습니다.

　그런데 이게 웬일입니까? 대나무를 바라보던 나는 깜짝 놀랐습니다. 대나무 표면에 우리 나라 관광객들이 한자 또는 한글로 자기 이름과 다녀간 날짜를 칼로 새겨 놓아, 성한 나무가 없을 정도였습니다. 해마다 백만 명이 넘는 사람들이 다녀가는 세계적인 관광지이지만, 다른 나라의 글자는 찾아볼 수가 없었습니다. 왜 우리 나라 사람들은 이런 행동을 하는지 부끄러워 얼른 그 곳을 나와 버렸습니다.

지금 여러분의 책상 위나 교과서에 낙서를 한 사람이 있을지 모릅니다. 이런 습관이 어른이 되어서도 부끄러운 줄 모르고 외국에 나가서까지 그런 행동을 하게 되는 것입니다.

　외국에서 벌어지는 우리 나라 사람들의 무례한 행동은 이 밖에도 한두 가지가 아닙니다.

　태국의 수도 방콕은 수많은 관광 명소들이 있어 세계의 여행객들로 항상 붐비는 곳입니다. 이 곳에 있는 '새벽사원'은 너무 아름다워서 관광객들은 누구나 한 번씩 올라가 보고 기념 사진을 찍곤 합니다.

　그런데 탑 기단의 둘레는 돌난간으로 둘러져 있는데, 거기에는 한글로 '걸터앉지 마시오.', '올라가지 마시오.'라는 팻말이 붙어 있습니다. 얼마나 많은 한국 관광객들이 사진을 찍는다고 돌난간에 걸터앉거나 올라섰으면 이런 팻말을 붙여 놓았겠습니까?

　이 외에도 독일의 어느 대학 강의실 칠판에는 '떠들지 마시오.'라고 쓰여 있는가 하면, 호주의 한 식당에는 '침을 뱉지 마시오.'란 한글 팻말이 붙어 있다니 외국인이 우리 나라 사람을 얼마나 무시하고 경멸하겠습니까?

　여러분! 우리 나라 관광객들만을 탓하겠습니까? 평소의 우리의 모습은 어떤지 생각해 봅시다. 여러 사람이 모여드는 장소에 가서 무질서한 모습을 보이지 않았는지, 여러 사람이 사용하는 물건을 함부로 다루지 않았는지 반성해 봅시다. 지금 우리에겐 공중 예절이 필요한 때입니다. 우리 모두가 사용하는 것이기 때문에 남을 위해 생각하고 행동하는 작은 실천이 필요한 때입니다.

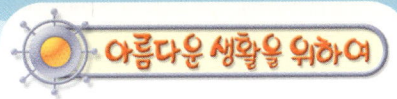

● 더불어 살아서 내가 행복했던 경험을 시로 지어 봅시다.

13 자랑스런 태극기

활동 목표	▶ 우리 나라 국기에 대해 소중한 마음을 갖습니다.	영역	인류 공영 (나라 사랑)
유의 사항	▶ 태극기가 쓰이는 곳을 알고 더욱 자랑스러운 마음을 갖습니다.	차시	25 - 26

- 태극기를 다는 날과 태극기를 다루는 방법을 알아봅시다.
  - 이야기를 읽고, 태극기의 올바른 보관 및 처리 방법에 대해 알아봅시다.

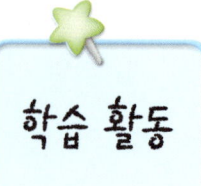

- 태극기가 상징하는 의미와 태극기의 다양한 쓰임새에 대해 알아봅시다.
  - '오! 필승 코리아'
  - 태극기를 마인드 맵으로 나타내 봅시다.

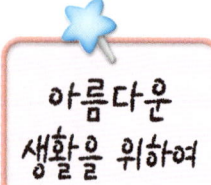

- 태극기와 관련된 재미있는 게임을 해 봅시다.

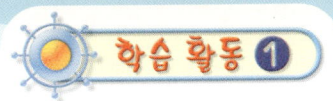

 태극기를 다는 날과 태극기를 다루는 방법을 알아봅시다.

● 태극기를 달아야 하는 날에만 (   ) 안에 ○표 하세요.

광복절 (   )

내 생일 (   )

소풍날 (   )

삼일절 (   )

제헌절 (   )

설날 (   )

국군의 날 (   )

개교 기념일 (   )

● 이 외에 또 태극기를 다는 날은 언제인가요?

● 다음 이야기를 읽고, 태극기를 다루는 올바른 방법에 대해 알아봅시다.

이야기 읽기

나를 불태워 주세요!

가을 운동회날, 기훈이네 학년은 손에 태극기를 들고 '자랑스런 대한 민국'이라는 무용을 하였습니다. 무용이 끝나고 자리로 돌아오던 기훈이는 들고 있던 태극기를 땅에 떨어뜨리고 그냥 갔습니다. 그 때 마침, 그 곳을 지나가던 은석이가 태극기를 밟아 그만 찢어지고 말았습니다. 은석이는 찢어진 태극기를 똘똘 말아 손에 꼭 쥐면서 중얼거렸습니다.

"이 태극기를 집에 가지고 가 깨끗한 곳에서 불태울 거야.'

그렇습니다. 찢어지거나 낡은 태극기는 청결한 곳에서 불에 태워 없애야 합니다.

● 태극기가 낡거나 찢어졌을 때는 어떻게 해야 할까요?

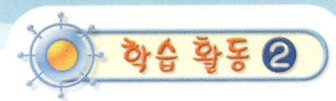 학습 활동 ❷

 태극기가 상징하는 의미와 태극기의 다양한 쓰임새에 대해 알아봅시다.

이야기 읽기

아줌마들도 태극기 패션

▶ 월드 컵 열풍을 타고 태극기 패션이 인기다. 태극기 탱크톱을 입은 여성이 응원하고 있다.

'태극기 패션'이 거리에 물결치고 있습니다. 2002 한일 월드 컵 대회에서 한국이 이탈리아를 꺾고 8강에 진출한 지난 18일. 그 어느 때보다 많은 인파가 모여들었던 전국 곳곳 길거리 응원의 현장에선 두건, 스카프, 치마, 바지 등 다양한 형태로 '변신'한 태극기가 뭇 사람들의 눈을 즐겁게 했습니다.

"다른 사람들이 다 입는 빨간 티셔츠보다 훨씬 튀잖아요."

태극기 탱크톱(러닝 셔츠 비슷한, 목과 팔이 많이 노출된 여름용 윗도리)을 입고 서울 시청 앞에서 길거리 응원에 나섰던 대학생 정현나(21, 서울 오류동) 씨는

"이전에는 촌스럽게 느껴졌던 태극기 문양이 요즘엔 너무 예뻐 보인다."

며 활짝 웃었습니다.

▶ 태극기는 우리 나라를 대표합니다.
▶ 태극기는 우리 민족을 나타내는 아름답고 깨끗한 모습을 간직하고 있습니다.

▶ 태극기는 광복절, 개천절과 같이 나라의 경사스러운 날이나, 현충일과 같은 슬픈 날에 답니다.

▶ 2002년 한국에서 열린 월드 컵 경기에서 우리의 태극기는 우리 민족을 하나로 묶어 주는 상징이 되었습니다.

● 태극기 패션에 대한 여러분의 생각은 어떤가요?

● '태극기' 하면 떠오르는 것을 마인드 맵으로 나타내 봅시다.

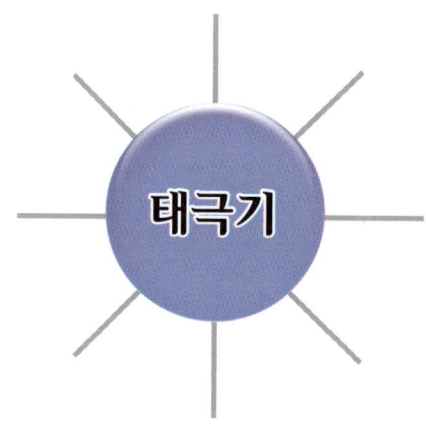

 태극기와 관련된 재미있는 게임을 해 봅시다.

방법
- 주사위나 윷을 사용하여 나온 숫자만큼 말을 옮깁니다.
- 말을 옮긴 자리의 단어를 설명하거나, 요구 사항대로 합니다.
- 틀리게 말하면 한 칸 뒤로 물러납니다.
- 먼저 도착하면 이깁니다.

소리내어 웃기 ← 한 칸 앞으로 ← 태극기가 들어가는 노래 부르기 ← 통과 ← 삼일절 ← 출발

한 번 쉬기

태극기 다는 날은?

통과

태극기 무늬 그리기 → 한 칸 뒤로 → 낡은 태극기는 어떻게 할까? → 만세 세 번 외치기 → 현충일에는 태극기를 어떻게 달아야 할까? → 통과 → 광복절 → 제헌절 → 상대편 껴안기 ← 한 칸 앞으로 ← 도착

14 우리의 소원

활동 목표	▶ 남북 분단의 아픔과 통일의 필요성을 알아봅니다.	영역	인류 공영 (나라 사랑)
유의 사항	▶ 북한에 대한 관심을 가지며, 현재의 모습을 알고 통일에 대한 준비를 합니다.	차시	27 - 28

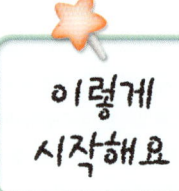

- 이야기를 읽고, 남북한이 통일을 이루어야 하는 까닭을 생각해 봅시다.
  - 7차 남북 이산 가족 상봉
  - '한 민족 두 나라'의 모습을 살펴보고, 통일을 이루어야 하는 까닭을 생각해 봅시다.

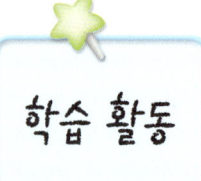

- 북한에 대해 얼마나 알고 있는지 알아보고, 통일 후의 모습을 생각해 봅시다.
  - 통일이 되면 어떤 변화가 생길지 예측해 봅시다.

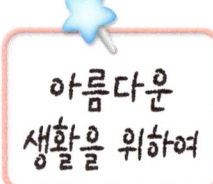

- 통일이 되면 우리 나라를 나타내는 것들이 어떻게 바뀔지 생각해 봅시다.
  - 국기, 국화, 국가

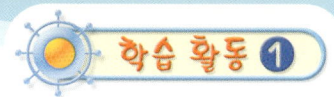

학습 활동 ❶

● 다음 이야기를 읽고, 남북한이 통일을 이루어야 하는 까닭을 생각해 봅시다.

이야기 읽기

이산 가족의 만남

"내 평생의 한이 어머니 한번 보는 것이었는데……."

죽은 줄만 알았던 북측 어머니 원음전(86) 씨가 살아 있다는 소식을 듣고, 한걸음에 금강산까지 달려온 강관호(67) 씨는 원씨가 노환으로 단체 상봉에 이어 개별 상봉에도 오시지 못한 것에 대해 감정이 북받치는 듯 말을 잇지 못했습니다. 강씨는 해마다 명절이 되면 판문점 망향각에서 부모님 제사까지 모셨습니다. 어머니 대신 두 동생 관식(66), 광옥(64) 씨를 만났지만 강씨의 얼굴에 드리운 어두운 그림자는 지워지지 않았습니다. 동생들의 손을 잡고 어머님을 잘 모셔줘서 고맙다고 담담히 말하던 강씨는 어머니 원씨의 사진을 보자 끝내 울음을 참지 못했습니다. 동생들이 들쭉술과 담배 등 준비해 온 선물을 꺼내자 강씨는 "다시는 못 볼 것 같아 준비해 왔다."며 조용히 어머니의 수의를 건네 주었습니다.

"어머니 구순(아흔 살)은 꼭 같이 모시자."며 손을 잡은 형제들에게선 50여 년의 세월을 뛰어넘은 혈육의 정이 흘러넘쳤습니다.

❝ **통일된 나라에서 단군 할아버지의 한 자손임을 자랑으로 여기며, 남한과 북한이 함께 사는 날이 하루빨리 왔으면 좋겠습니다.** ❞

한 민족 두 나라

- 남북한이 나뉘어 살아온 지 50여 년이 지났습니다. 헤어져 사는 동안 달라진 것이 많습니다. 관계 있는 것끼리 연결해 보세요.

- 지금은 우리가 이렇게 남과 북으로 갈라져 있습니다. 그러나 우리 대한 민국과 북한은 원래 한 나라이며, 같은 민족입니다. 언젠가 다시 뭉쳐서 함께 살아야 합니다.

- 남한과 북한이 통일을 이루어야 하는 까닭을 생각해 보고, 서로 이야기해 봅시다.

학습 활동 ❷

 북한에 대해 얼마나 알고 있는지 알아보고, 통일 후의 모습을 생각해 봅시다.

● 다음 질문에 답을 하고, 자신이 북한에 대해 얼마나 알고 있는지 알아봅시다.

1. 북한에도 애국가(국가)가 있을까?   ① 있다   ② 없다
2. 북한에도 국화(나라꽃)가 있을까?   ① 있다   ② 없다
3. 북한에 지하철이 있을까?   ① 있다   ② 없다
4. 북한에 어린이날이 있을까?   ① 있다   ② 없다
5. 북한에 어버이날이 있을까?   ① 있다   ② 없다
6. 북한에 노래방이 있을까?   ① 있다   ② 없다
7. 북한에 댄스 그룹과 랩 뮤직이 있을까?   ① 있다   ② 없다
8. 북한에 프로 야구가 있을까?   ① 있다   ② 없다
9. 북한에 공중 목욕탕이 있을까?   ① 있다   ② 없다
10. 북한에 유치원이 있을까?   ① 있다   ② 없다
11. 북한에 학생들을 위한 학원이 있을까?   ① 있다   ② 없다
12. 북한의 초등 학생들도 학교 수업 시간에 영어를 배울까?
    ① 배운다   ② 안 배운다
13. 다음 중에서 북한에도 있는 날은?
    ① 발렌타인 데이   ② 만우절   ③ 화이트 데이
14. 북한에도 복권이 있을까?   ① 있다   ② 없다

● 몇 개나 맞췄나요? (   )개
● 북한에 대한 질문에 답하고 난 느낌을 이야기해 봅시다.

통일이 되면 변화하는 모습

이산 가족이 없어진다.

같은 동포끼리 대결하는 일이 없어진다.

전쟁의 두려움이 사라진다.

육로로 백두산 정상에 오른다.

● 통일이 되면 또 어떤 변화가 생길까요? 글과 그림으로 나타내 보세요.

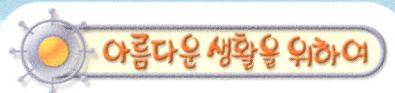

 통일이 되었을 때 우리 나라를 나타내는 것들이 어떻게 바뀔지 생각해 보고, 그림과 글로 표현해 봅시다.

● 통일 국가에서 사용했으면 하는 국기, 국화, 국가를 그리거나 글로 적어 보세요.

  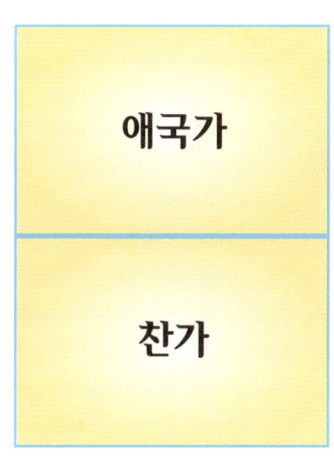

15 평화로운 지구촌

활동 목표	▶ 이 세상이 평화롭게 살아야 하는 까닭을 알고, 내가 할 수 있는 일을 찾아봅니다.	영역	인류 공영 (나라 사랑)
유의 사항	▶ 전쟁으로 인해 어려움을 겪는 어린이를 도울 수 있는 방법을 찾아봅니다.	차시	29 - 30

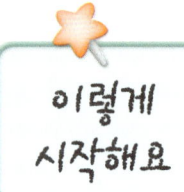

- 노래말의 의미를 생각하며 노래를 불러 봅시다.

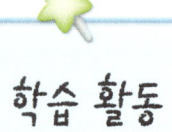

- 세계 어린이들의 고통스런 생활 모습을 살펴봅시다.
- '전쟁'과 '평화'에 대한 생각을 글이나 그림으로 나타내 봅시다.
- 북한 어린이들과 이라크 어린이들의 고통에 대해 알아봅시다.

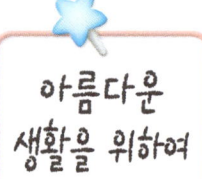

- 내가 겪는 어려움은 무엇인가요?
- 전쟁이 없는 평화로운 지구의 미래 모습을 그려 봅시다.

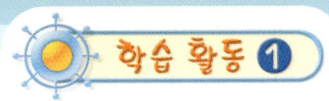

 악보를 보며 '작은 세상' 노래를 불러 봅시다.

노래 부르기 (Small World- 작은 세상)

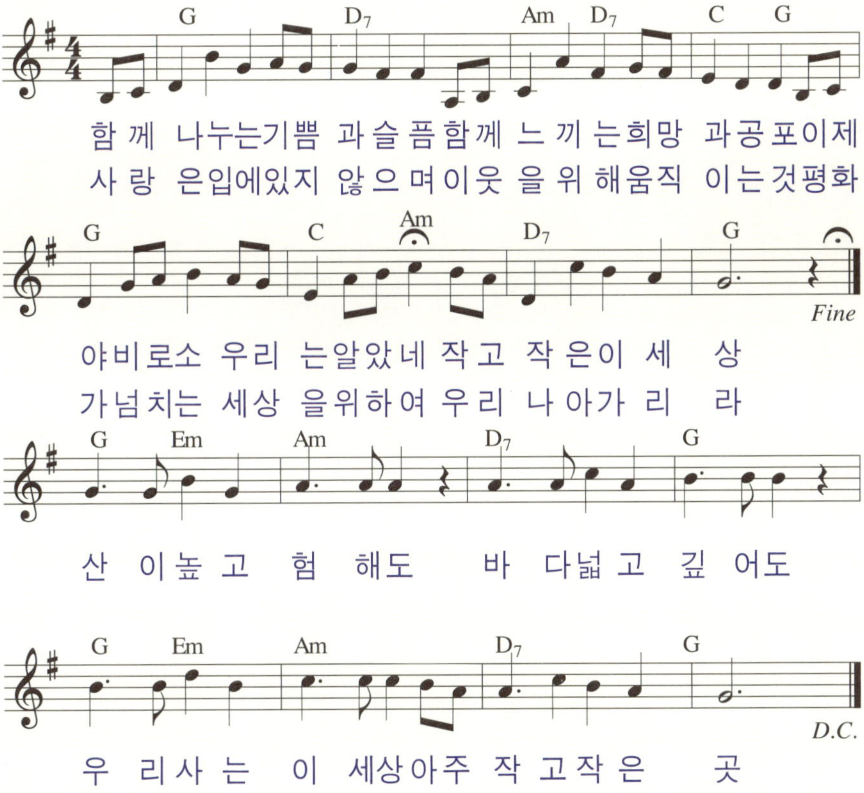

함께 나누는 기쁨과 슬픔 함께 느끼는 희망과 공포 이제
사랑은 입에 있지 않으며 이웃을 위해 움직이는 것 평화

야 비로소 우리는 알았네 작고 작은 이 세 상
가 넘치는 세상을 위하여 우리 나아가리 라

산 이 높고 험 해도   바 다 넓고 깊 어도

우 리 사 는 이 세상 아주 작 고 작은   곳

● 다른 나라 사람이 가족처럼 느껴졌을 때가 있었나요?

> "'작은 세상'의 노래말처럼 이제 지구에 있는 모든 사람들은 지구촌에 사는 한 가족입니다."

고통받는 세계의 어린이들

▶ 물을 길으러 가는 아프가니스탄 난민 어린이

▶ 코소보 난민촌 아이들

▶ 아프가니스탄 난민촌 아이들

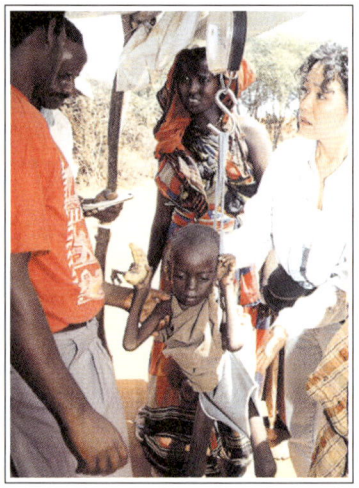
▶ 자연 재해와 전쟁으로 인한 굶주림 때문에 영양 실조에 걸린 아프리카 어린이

▶ 주석 광산에서 체를 이용하여 흙과 주석을 분리하고 있는 라오스의 어린 소녀들

▶ 금속 공장에서 일하는 인도의 어린 소년

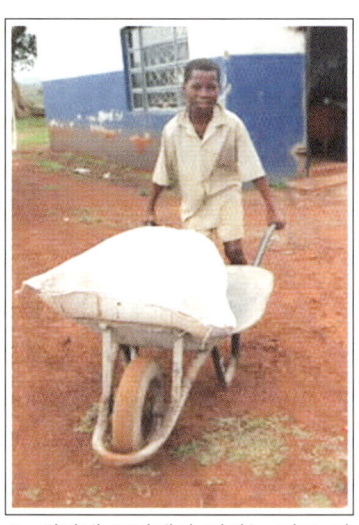
▶ 잎담배 공장에서 일하는 인도 어린이

● 왜 이런 일이 일어나는 걸까요?

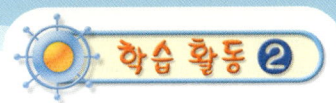

 '전쟁'과 '평화'에 대해 생각해 보고, 고통받고 있는 북한과 이라크 어린이들의 실정을 알아봅시다.

● '전쟁'과 '평화'가 가져다 주는 것이 어떤 것일지 생각해 보고, 글 또는 그림으로 나타내 보세요.

전쟁

평화

북한의 어린이들도 고통을…

● 다음 이야기를 읽고, 느낀 점을 이야기해 봅시다.

이야기 읽기

꽃제비 수기

우리 집 식구는 모두 6명입니다. 아버지는 늘 병석에 계셔서 자리에서 자주 일어나지 못하십니다. 어머니도 신체는 허약하시지만 집안일과 바깥일을 전부 하셨습니다. 내 동생 3명은 모두 영양 실조가 심하여 키도 크지 못하고 목이 약하고 어깨는 올라갔습니다. 나는 집에서는 하루 한 끼도 먹지 못할 때가 많아서 할 수 없이 '꽃제비'(먹을 것을 찾아 떠돌아 다니는 어린 부랑자) 무리와 몰려다니다 드문드문 집에 왔습니다.

하루는 우리 '꽃제비'들이 뙈기밭에 가서 옥수수를 훔치다 주인에게 잡혀서 몽둥이로 얻어맞다가 나는 정신을 잃고 쓰러졌는데, 다시 깨어나 보니 밭 주인이 내 곁에서 눈물을 흘리고 있었습니다. 정신을 차린 나를 본 밭 주인은 옥수수 3개를 나에게 주면서 빨리 집으로 가라고 했습니다.

비틀거리면서 겨우 집에 와 보니 나의 아버지와 어머니, 동생은 모두 전염병으로 사망하여 마을에서 모아서 장례식을 치러 주었다고 했습니다. 이후부터 나는 의지할 곳 없는 고아가 되었습니다. 나는 '꽃제비' 아이들과 유랑 생활을 하다가 5명이 같이 중국으로 도강해 왔습니다. 나는 중국에 와서 일거리를 찾으려 했으나 너무도 키가 작아 아주 작은 아이로 인정하고 일도 시켜 주지 않아 정거장, 식당, 병원으로 다니면서 유랑 생활을 하고 있습니다. 많은 사람들이 우리를 불쌍히 여겨 옷도 주고 돈도 주면서 어서 빨리 조국에 돌아가서 고아원을 찾아가라고 했습니다.

나는 5명의 아이들과 약속했습니다. 우리 5명은 돈을 벌어 인민 화폐 500원이 되면 조국에 돌아가서 살기로 다짐했습니다.

이라크 어린이들이 힘들어하고 있어요

● 전쟁으로 인해 가장 큰 피해를 받는 것은 어린이들입니다. 다음 이야기를 읽고, 이라크 어린이들의 고통을 생각해 봅시다.

또 전쟁의 제물이 된 이라크 어린이를 살리자

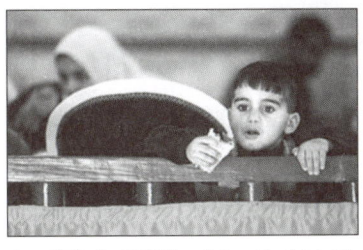

▶ 개전이 임박한 이라크의 수도 바그다드에서 가족과 함께 점심 식사를 하기 위해 식당을 찾은 한 어린이가 손에 빵을 든 채 부모의 눈을 피해 잠시 옆 식탁을 기웃거리고 있다.

이라크의 어린이들은 과연 이번 전쟁에서 살아남을 수 있을까. 포연에 휩싸인 이라크에서 전쟁의 가장 큰 희생자는 어린이들일 수밖에 없다. 국제 아동 기금(유니세프)은 전쟁이 일어나기 전인 지난 12일, 이라크의 어린이들을 보호하기 위한 행동에 나설 것을 전세계에 호소했다.

유니세프가 밝힌 이라크 어린이들의 상황은 심각하다. 현재 이라크 어린이의 약 4분의 1이 저체중아로 태어나고 있고, 5살 미만 어린이의 약 4분의 1이 영양 실조에 걸려 있다.

이라크 어린이들의 영양 상태가 이처럼 악화된 것은 1991년 1차 걸프전으로 인한 사회 기반 시설의 붕괴, 자원 활용의 어려움, 국제적인 경제 제재 등으로 인해 각 가정의 단백질 소비가 크게 감소한 데 따른 것이다. 이로 인해 이라크 여성의 60%가 철분 부족으로 고생하고 있으며, 그 결과 저체중아의 출산이 늘고 있다. 캐롤 드루이 유니세프 이라크 사무소 대표는 "어린이들의 상태가 심각한 상황에서 전쟁이 일어나 어린이들의 생존을 위협하는 상황으로 발전할 것"이라고 말했다.

유니세프는 이에 따라 지난 주 전쟁이 일어나기 전까지 미리 전쟁에 대비해 40만 명의 영양 실조 어린이에게 특별 치료식으로 1천 톤이 넘는 고단백 비스킷과 155톤의 영양 실조 치료용 우유를 제공했다. 유니세프는 앞으로 2년간 이라크에 고단백 비스킷과 치료용 우유를 계속 제공할 계획이다.

캐롤 벨라미 유니세프 총재는 "신체적으로나 정서적으로 가장 상처받기 쉬운 어린이들이야말로 전쟁의 가장 큰 희생자"라면서 "이는 이라크뿐만 아니라 아프간, 수단, 캄보디아 등 다른 수많은 분쟁 국가에서 모두 마찬가지"라고 말했다. 그는 이어 "가장 중요한 것은 전쟁에서 어린이를 보호하기 위해 무엇인가 해야 한다는 사실"이라며 어린이를 위한 국제적 행동을 촉구했다.

- 인터넷한겨레 2003년 3월 23일자 기사 중에서 -

● 전쟁의 가장 큰 희생자는 어린이들입니다. 왜 그렇다고 생각합니까?

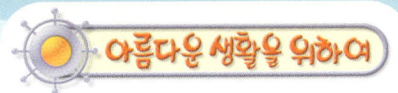

 내가 겪는 어려움은 무엇인지 생각해 보고, 평화로운 지구의 미래 모습을 생각해 봅시다.

● 여러분이 겪는 어려움은 어떤 것인가요? 그리고 그 어려움을 어떻게 이겨 나가고 있나요?

● 세계의 모든 어린이들은 모두 보호받아야 할 권리가 있습니다. 하지만, 아직도 많은 어린이들이 기본적인 생활은 물론, 생명의 위협을 느끼며 버려진 채로 살아가고 있습니다. 우리 모두가 살고 싶은 세상은 어떤 곳일까요? 그림으로 그려 보세요.

16 환경 보호는 생명 보호

활동 목표	▶ 깨끗하고 아름다운 환경을 만들어 가기 위한 방법을 알고 실천합니다.	영역	인류 공영 (나라 사랑)
유의 사항	▶ 소중한 물을 바르게 사용합니다.	차시	31 - 32

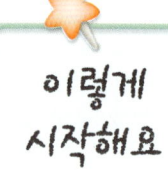

- 글을 읽고, 우리 모두가 환경 파수꾼임을 생각해 봅시다.
  - 샛강을 살립시다
  - 에베레스트 산은 최고 높은 쓰레기장

- 얼굴 씻을 때의 물 사용량을 알아봅시다.
- 물이 없다면 어떻게 될지 체험해 봅시다.
  - 체험! 물 기근

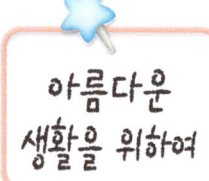

- '물병 찾아 길 떠나가기' 게임을 해 봅시다.
- 물을 절약하는 10가지 방법을 알아봅시다.

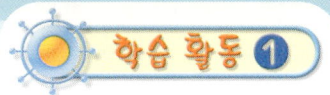

글을 읽고, 우리 모두가 환경 파수꾼임을 생각해 봅시다.

샛강을 살립시다

샛강을 살리는 것은
큰 강을 살리는 것입니다.

무심코 버리는 생활 폐수와 쓰레기가
샛강으로 흘러들어
큰 강까지 오염시키고 있습니다.

가루 비누와 같은 합성 세제를 되도록 적게 쓰고
음식 찌꺼기를 봉지에 싸서 버리며
쓰고 남은 식용유는 휴지로 닦아서 버리는 것이
바로 샛강을 살리는 길입니다.

샛강에서 세차를 하거나
오물을 흘려 보내는 일은 없었나요?

우리 모두 환경 파수꾼이 되어
샛강을 살리는 데 앞장섭시다.

맑은 물을 지키는 일, 우리 어린이들도 할 수 있습니다

하늘을 높이 나는 새나 길가의 작은 풀 한 포기조차 물을 떠나서는 잠시라도 살 수 없습니다. 이렇듯 우리 어린이들이 건강하게 호흡을 할 수 있는 자연 환경은 항상 물과 관련되어 있습니다.

맑은 물을 지키는 일, 그것은 생명과 건강을 지키는 일이며, 우리 어린이들도 할 수 있는 일입니다.

○ 다음 이야기를 읽고, 생각해 봅시다.

이야기 읽기

제3의 극점 에베레스트, 수십 년 동안 버려진 쓰레기로 몸살

최근 들어서는 세계 최고봉 에베레스트에도 무시하지 못할 정도로 쓰레기가 방치되어 있어 사람들을 놀라게 하고 있습니다.

제3의 극점이라 불리는 에베레스트 정상이 1953년 인간의 발길이 닿은 뒤로 이 산을 오르려는 수백 명의 각국 등반대들에 의해 버려진 산소병, 가스통, 텐트, 일회용 주사기, 통조림 깡통, 건전지, 빈 혈액병 등 각종 쓰레기들로 방치되어 왔습니다. 더욱이 갈수록 등산 장비가 점차 다양해지면서 에베레스트 등반 코스 일대의 오염은 더욱 심각해졌습니다.

이뿐 아니라, 그 동안 얼어붙어 있던 인간의 배설물도 눈이 녹으면서 누런 가루로 분해 돼 산 밑의 네팔 주민들이 사용하는 계곡물을 오염시키고 있습니다.

○ 자연을 존중하는 산악인이 진정한 정복자입니다. 에베레스트 산을 깨끗하게 하기 위한 방법을 찾아봅시다.

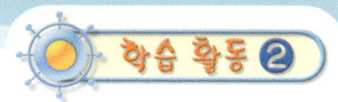

 얼굴 씻을 때의 물 사용량을 알아보고, 물 기근 체험을 해 봅시다.

● 우리는 얼굴을 씻을 때 얼마 만큼의 물을 사용할까요? (125쪽의 오림 자료에서 우유팩을 오려 붙이세요.)

수도 꼭지를 잠그지 않고 얼굴을 씻으면 한 번에 30리터나 되는 물을 사용하게 됩니다.	필요한 만큼의 물만 받아서 사용하면 한 번에 3리터로 충분합니다.
※ 30L는 1000mL 우유팩 30개의 양과 같습니다.	※ 3L는 1000mL 우유팩 3개의 양과 같습니다.

※ 우유팩 하나는 1L입니다.

만약 물을 쓸 수 없다면?

● 물이 없다면 어떤 일이 벌어질까요? 가족과 함께 물 기근 체험을 해 보세요. 하루를 정하여 오후 1시부터 7시까지 물을 사용하지 않도록 해 봅시다.

물로 씻지 않는다.　　　물을 마시지 않는다.　　　물로 청소하지 않는다.

- 우리 가족은 물 기근 체험을 이렇게 했어요.

- 물 기근 체험을 하고 나서 느낀 점을 적어 보세요.

- 온 가족이 함께 물 기근 체험을 한 후 생기는 마음이나 생각을 나누어 보세요.

아름다운 생활을 위하여

● 여러 갈래의 길 사이로 물병을 찾아 떠납니다. 어느 길로 가야 가장 많은 물병을 찾을 수 있을까요? 단, 한번 지나간 길은 되돌아갈 수 없어요. 친구와 함께 물병을 찾아 길을 떠나 보세요.

몇 개의 물병을 찾았나요?
(개)

● 물을 절약하는 10가지 방법
  - (   ) 안에 알맞은 말을 보기에서 찾아 쓰고, 꼭 지켜 봅시다.

보기

한꺼번에, 절수기, 휴지, 적게, 컵, 허드렛물, 샤워기, 받아서, 자갈

① 이를 닦을 때는 반드시 (   )을 사용합니다.

② 세수를 할 때는 물을 (   ) 사용합니다.

③ 비누, 샴푸, 세제 등은 되도록 (   ) 사용합니다.

④ 목욕을 할 때는 욕조 대신 (   )를 사용하고 샤워 시간을 줄입니다.

⑤ 기름기가 묻은 그릇은 (   ) 등으로 깨끗이 닦아 낸 후 물로 씻습니다.

⑥ 설거지를 할 때는 물을 (   ) 합니다.

⑦ 변기 물통에 모래나 (   )을 채운 플라스틱 물병을 넣어 둡니다.

⑧ 화장실과 수도꼭지에 (   )를 설치합니다.

⑨ 세탁물은 며칠 동안 모아서 (   ) 세탁합니다.

⑩ (   )은 화단이나 화분에 뿌려 재활용합니다.

11쪽⬇

12쪽⬇

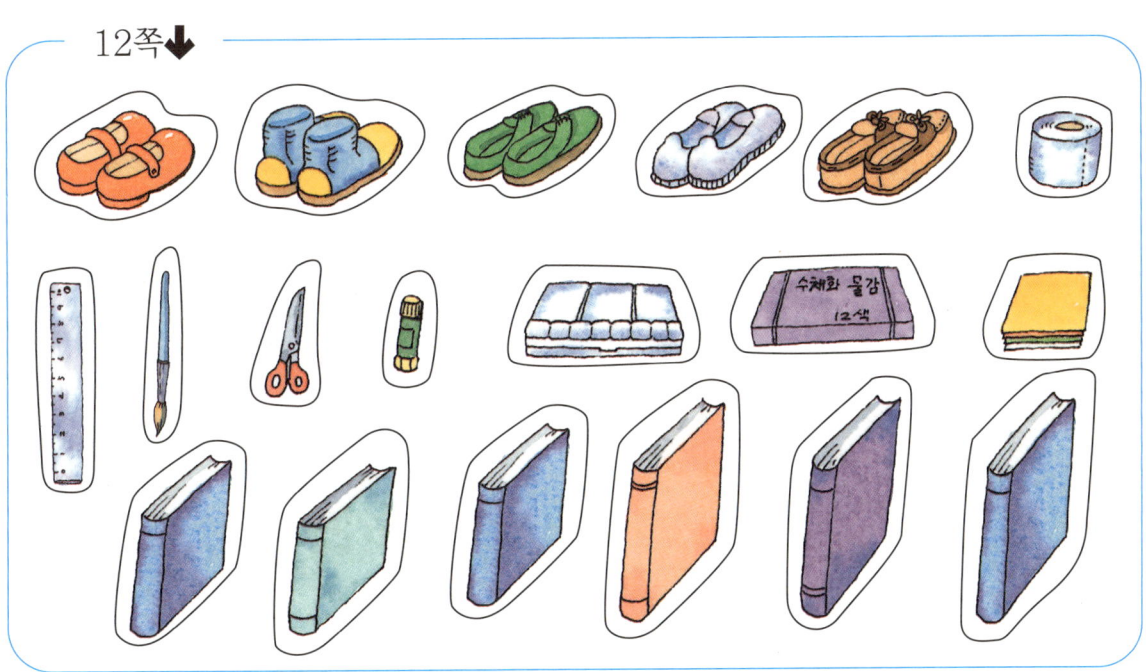

20쪽

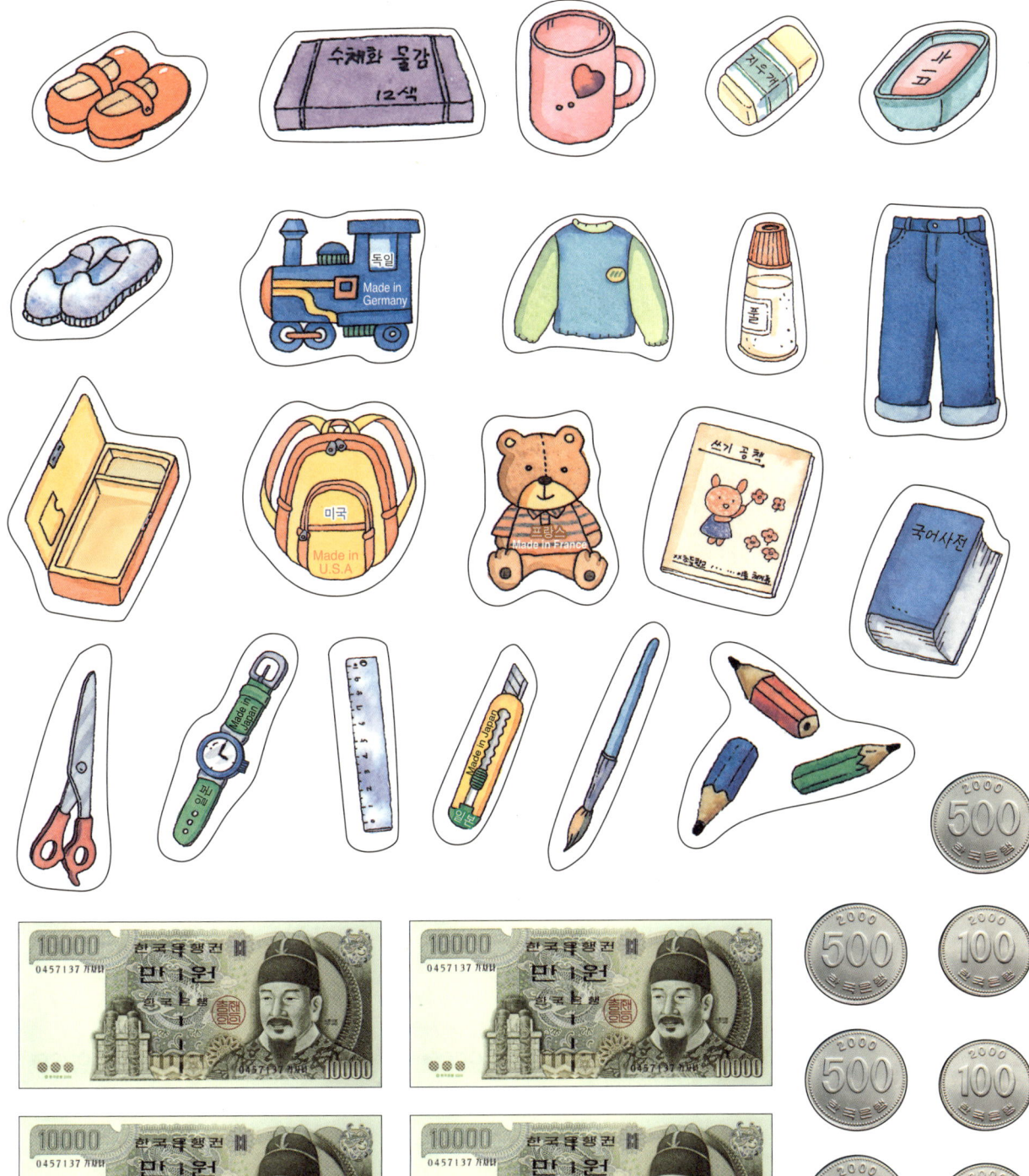

20쪽⬇

116쪽⬇

도움 주신 분들

연구위원
- **이동태**(예일초등학교 교장)
- **예성옥**(서울북성초등학교 교감)
- **홍진복**(서울대신초등학교 교감)

집필위원
- **대표집필**(홍진복/서울대신초등학교 교감)
- **1단계**(문인화/서울신사초등학교 교감)
- **2단계**(예성옥/서울북성초등학교 교감, 이봉숙/서울서교초등학교 부장교사)
- **3단계**(이창건/예일초등학교 부장교사)
- **4단계**(김경아/서울신사초등학교 부장교사, 박동배/서울서교초등학교 부장교사)
- **5단계**(이동태/예일초등학교 교장, 이창건/예일초등학교 부장교사)
- **6단계**(박왕준/서울성산초등학교 부장교사, 이희갑/유석초등학교 부장교사)

초등 학교 인성 교육 ❸단계

더불어 살면 행복해요

인쇄일 · 2016년 4월 15일 개정판 1쇄
발행일 · 2016년 4월 25일 개정판 1쇄

지은이 · 홍진복, 이창건   **발행인** · 김표연   **펴낸곳** · (주)상서각
등 록 · 2015. 6. 10. (제25100-2015-000051호)
주 소 · 서울시 은평구 은평로 13길 11-5 2층
전 화 · (02)387-1330   FAX · (02)356-8828